# 心的現実感(リアリティ)と離人感

質問紙と風景構成法から見る
新たな心理アセスメントへの展開

松下姫歌

創元社

# はじめに

　本書は、「離人感」という、自己や身体や外界の体験からリアルさが失われる感覚が、逆説的に、自己性と主体性の本質感覚を内包していることを、文献研究と調査研究を踏まえて主張し、離人感の質的多様性を捉えうる視座と視点を提示することで、個々人の心の生きる世界に寄り添い、本人の自己性と主体性の芽を見出すことに貢献しようとするものである。

　また、このテーマは、現代社会において、さまざまな形で、「主体性」や「社会性」の"乏しさ"とうつるものを、従来にも増して厳しく問題とすることが増えてきていることとも関連していると考えられる。こうした現代的問題にアプローチしうる視座や視点を提供しようとするものである。

　自己や身体や外界の存在は"頭ではわかる"ものの、「自分が自分である感じ」「身体が自分のものである感じ」「周囲がリアルにあるという感じ」が「ない」という感覚。そこには実感がこもっている。

　それ自体を、一つの「心的現実感（リアリティ）」として捉えたい。「離人感」は、喪失感として体験され語られる。それは一般的に、"ふつう感じるはずのリアリティを感じられない"といったような、リアリティを感じる能力の不足や不調として受け取られがちである。しかし、それは、"自らの実感"を"万人共通の現実感"として盲目的に信頼している世界から見た、価値下げを伴う早合点と言えないだろうか。

　そして、離人感には、ある種の"手ごたえ"や"手触り"の「不足感」が「検出」されている。それは、裏を返せば「必要感」の検出である。「自己」「身体」「外界」の"体験"が「自己の体験」と感じられるために"必要な何か"が"ある"ことが感覚されているのである。

　「あるはずのものがない」ということ自体を、「図」として見る視座をもつことで、「あるはずのものがない」と「感覚している心のはたらき」自体を「ある」ものとして認めよう。そのことが、フラットに見えていた「喪失感」の中にうごめ

いている、自己体験の自己性をつかもうとする心のはたらきと感覚をキャッチしていく第一歩になるのである。

　離人感は、誰もが体験しうる体験である。自己の自己性の本質に関わる問いを孕む体験であるからである。誰もが体験しうるけれども、自己の自己性を支える何かにまつわる感覚であるために、その潜在的性質は、究極的に「個別性」へのベクトルを含むものである。したがって、その多様性を捉える視座と視点が求められる。

　逆に言えば、離人感の質的多様性・個別性を捉える視座と視点を発掘できれば、その個人が自らの自己性をつかんでいくことにつながる。実際、筆者は、こうした視座と視点のもと心理療法をおこなうことで、離人感が当初から意識されている事例のみならず、当初は意識されていない事例、例えば統合失調症や発達障害をもつクライエントの事例等においても、新たな自己感覚に目覚め、それまでの離人感に事後的に気づく例を多く経験している。

　本書では、こうした、心理的アセスメントと心理療法に根本的に必要な視座と視点について論じていく。

　特に、このような視座と視点に関しては、木村敏の存在構造論の検証を通じて、自己と世界の生成に、未知・未来次元という、"見えない"次元の"見えない"自己へのまなざしが大きな役割を果たしていること、"世間的次元の忌避"による自己支持と"世間的次元における"自己定位が、それぞれに重要であるだけでなく、それらが必ずしも対立項でなく両立しうるものであることを示し得たことは、本書における重要な成果の一つと考えている。パーソナリティ理論や心理アセスメント理論、心理療法理論はさまざまに存在しているものの、能力の不足という観点や、（物理的次元・心的次元の双方において）過去や背景から自己生成を捉える視座に立つものが圧倒的大多数を占める中、案外、大事になってくる視座・視点なのではないだろうか。

　また、風景構成法という描画法（投映法の一つ）を用い、未知次元あるいは世間的次元をめぐる、自己や世界の生成プロセスを、言葉以前の次元で捉えていくための視座と視点についても論じたい。描画法は、本来そのためのものである。言語的かつ意識レベルの質問紙指標で描画特徴を跡付けるだけであれば、描画をしな

くても、言語による聞き取りでわかることなので意義が乏しい。無論、言語的に捉えうる特徴が、そのまま描画にも表現されている、というような次元は存在しうる。しかし、それだけでなく、その描画特徴が、その描画世界そのものが生まれてくるプロセスを感知しようとする視座と視点から捉えなおされる必要がある。つまり、一つひとつの線をそのように描いていくプロセス・色をつけていくプロセスは、心が何かをそこに感じ、見出し、なぞりだそうとしているプロセスである。そのようにしてはじめて、描き手本人の心が、体験的につかんでいくことが可能になるような、ポテンシャルとしての自己と世界の生成の芽が、そこに含まれている。言語的に把握している自己や世界の見え方の背後にある、心的はたらきを捉えることが肝であり、そのような視座と視点の一端を示したい。

　心理アセスメントは疾患や障害や能力や性質に関するレッテル貼りではない。心理療法は、そのような形で問題を同定して始めるものではない。疾患も障害も、能力も性質も、その人個人における自己と世界の生成のありようと深くつながっている。そのつながりを捉えうる視座に立ってはじめて、その人の心が生きている次元に近づけるのではないだろうか。

　本書は、臨床心理士や公認心理師をはじめ、保健医療・福祉・教育・産業・司法などさまざまな分野において、心理臨床に携わる専門家や、臨床心理学の学生はもとより、それぞれの分野におけるさまざまな立場での対人援助職の専門家や関係者が、一人ひとりのクライエントの心が生きる次元を見出すことに資するとともに、一般の方々にとっても、心の生きる次元と、個々の自己性と主体性の芽を大切にすることに資するものとなることを願っている。

# 目次

はじめに i

## 序章
## 心の生きている次元へのアプローチ
──心のポテンシャルを捉える視座　3

第1節　生きる主体におけるウェルビーイング
　　　　──健康観と障害観の国際標準　3
第2節　現代社会における心理学的問題
　　　　──「主体性」と「社会性」をめぐる問題　6
第3節　心の生きている次元と心の不調感
　　　　──心の不調感は新しい自己への入口である　7
第4節　本書の視点
　　　　──心の不調感の中にあるポテンシャルを見出す視座　9

## 第1章
## 離人症論の再検討　12

第1節　離人症と離人感　12
　1. 離人症／離人感にまつわる問題　12
　2. 本書における視点　15
　3. 離人症の概念と臨床的位置づけ　16

第2節　離人症論の再検討　20
　1. 最初の離人症論とその再検討　20
　2. 19世紀末から20世紀初頭にかけての離人症論の再検討　23
　3. 精神分析における離人症論の再検討　26
　4. フェダーンの「自我境界」による離人症論　30
　5. 離人症に関する調査研究　32
　6. 離人症に関する現象学的・存在論的学説　41

# 第2章
# 木村敏の存在構造論の理論的再検討　46

## 第1節　動的構造としての自己　46
1. "症状"の背後にある自己の構造的側面のアセスメント　46
2. 木村敏における自己　47
3. 木村敏の自己論とヴァイツゼッカーの主体論　50

## 第2節　心の不調と「心の軸足」の関係
　　　　　──存在構造論の再検討　52
1. 3つの基本的存在構造　52
2. 自己生成のいとなみにおける3つの契機と「心の軸足」　57

# 第3章
# 存在構造論の実証的再検討
　──心的現実感(リアリティ)と「心の軸足」を捉える視座　59

## 第1節　存在構造質問紙の作成
　　　　　──アンテ・フェストゥム－ポスト・フェストゥム質問紙とイントラ・フェストゥム質問紙　59
1. 項目の作成　60
2. 内容的妥当性の検討　61
3. 質問紙冊子　62

## 第2節　存在構造質問紙の実施と分析　62
1. 本調査の手続き　62
2. アンテ・フェストゥム－ポスト・フェストゥム質問紙の分析結果と考察　62
3. イントラ・フェストゥム質問紙の分析結果と考察　67

## 第3節　新たな存在構造論　70
1. 新たに区別された3つの契機　70
2. 新しい存在構造論　73
3. 結論　77

## 第4章 木村敏の離人症論の再検討　78

### 第1節　存在構造論の視点からの木村敏の離人症論の理論的再検討　78
1. 木村敏の離人症論の問題点　78
2. 存在構造論の視点からの離人症論の再検討
　　──新たな離人症論　79

### 第2節　離人感尺度の作成　81
1. 離人感質問紙の作成　81
2. 内容的妥当性の検討　82
3. 本調査の手続き　83
4. 離人感質問紙の分析　84

### 第3節　離人感の高さと存在構造との関係　87
1. 離人感の高さと存在構造の関係についての分散分析　87
2. 分散分析結果のまとめ　89

### 第4節　離人感の質と存在構造との関係　90
1. 離人感の質と存在構造の関係についての分散分析結果　90
2. 離人感の質と存在構造との関係①
　　──青年期における離人感の共通項(全体的傾向)　93
3. 離人感の質と存在構造との関係②
　　──青年期における離人感のタイプと質的相違　95

### 第5節　結論　102

## 第5章 心的現実感(リアリティ)と「心の視点」を捉える風景構成法による心理アセスメント　105

### 第1節　離人感というポテンシャル　105

## 第2節 メタノエシス面のあり方の特徴へのアプローチとしての
風景構成法の構成型　107
1. 風景構成法　107
2. LMTの構成とメタノエシス面のあり方　107
3. LMTの構成に関する研究
　　——高石の「構成型」　109

## 第3節 離人感と高石の構成型との関係　111
1. 本調査の手続き　111
2. 高石の構成型の視点によるLMTの分析　113

## 第4節 新たな構成型　114
1. Ⅵについての新たな分類基準の検討　114
2. 新たな分類基準Ⅵ'　114

## 第5節 新たな分類基準による構成型と離人感との関係　116
1. 離人感得点（総合得点）の高さと新しい構成型Ⅵ'との関係　116
2. 離人感の質（下位尺度）と新しい構成型Ⅵ'との関係　116

## 第6節 離人感と新しい分類基準による
構成型との関係についての総合的考察　119
1. 《有情感喪失》《存在感喪失》《二重意識および自己の連続性の喪失感》と
Ⅵ'およびⅦとの関係　119
2. 《自他の疎隔感あるいはノエシス面との接点の消失感》とⅥ'および
Ⅰ～Ⅳとの関係　121

## 第7節 Ⅵ'の下位分類に含まれる心的観点　122
1. Ⅳベースの発展型（Aタイプ）　122
2. Ⅴベースの発展型（Bタイプ）　125
3. Ⅵベースの分裂型（Cタイプ）　126
4. Ⅵ'の新しい定義　128

## 第8節 離人感の奥にあるもの
——Ⅵ'の下位分類に見られる"ズレ"の性質を捉えるアセスメントと関わり　129

# 第6章
## 本書のまとめと総合的検討
―― 自己性のポテンシャルを生きる　133

### 第1節　離人症論と存在構造論の刷新　133
1. 離人症論の2つの立場　133
2. 心の軸足を捉える観点と新しい離人症論　134

### 第2節　離人感と心の軸足　136

### 第3節　描画にポテンシャルを見出す視点　137
1. 新しい構成型Ⅵ'　137
2. Ⅵ'の3つの下位分類　138

### 第4節　ポテンシャルを見出す視点を
　　　　心理的アプローチにどう生かすか　139


文献　141
索引　156

おわりに　159

# 心的現実感(リアリティ)と離人感
## 質問紙と風景構成法から見る新たな心理アセスメントへの展開

序章

# 心の生きている次元へのアプローチ
心のポテンシャルを捉える視座

## 第1節　生きる主体におけるウェルビーイング
──健康観と障害観の国際標準

　第二次世界大戦後の1946年7月22日、国際連合経済社会理事会が招集した国際保健会議において、世界保健機関憲章 (Constitution of the World Health Organization) が採択され、1948年4月7日の発効をもって、世界保健機関 (The World Health Organization; WHO) が発足して70年が経った。
　世界保健機関憲章の前文には、「健康 (Health)」の定義が次の通り、高らかに宣言されている。

> Health is a state of complete physical, mental and social well-being and not merely the absence of disease or infirmity.
> 健康とは、完全な肉体的、精神的及び社会的福祉の状態であり、単に疾病又は病弱の存在しないことではない (1951 (昭和26) 年6月26日、条約第1号)。

　つまり、健康な状態とは、完全なウェルビーイング、完全に良くあることであり、病や障害あるいは虚弱などの反対概念ではない。
　Healthという言葉は、もともとwholeやhealと同じく、「完全な」を意味するhalを語源とし、「完全な状態」を意味する (江藤, 2002)。上記の健康の定義は、「完全な状態」についての解釈を、従来の"傷のない完璧な状態"(ちなみに、璧は「傷の

ない玉」が原意である）という健康観から一歩踏み出したものと言えよう。

　病や障害や虚弱がない、ということが必ずしも、健康を意味しないこと。
　病や障害や虚弱を抱えると同時に健康である、ということ。

　ここに示された健康観は、医学上でいう病や障害や虚弱と見なされるものをもつ者の"生きる力"を捉えようとする視座に基づくものと言える。その点が捉えられることは、自ずと、病等をもつか否かの問題の背後にある、人の"生きる力"そのものへの視野が拓ける。しかし、この健康の定義の意味するところが、今日、どれほど理解されているだろうか。その理解の歩みが、国際的に見ても、必ずしも一筋縄でいかないことは、世界保健機関のさまざまな宣言や取組からもうかがい知ることができる。
　世界保健機関による国際疾病分類の補助分類として、国際障害分類 (International Classification of Impairments, Disabilities, and Handicaps; ICIDH) が提唱されたのは1980年である。これは、①病変・変調 (Disease/Disorder) が、②機能障害 (Impairments) を生み、機能障害によって、③できないことが生じ (能力障害、Disabilities)、そのことによって④社会的不利 (Handicaps) が生じるという、医学モデルをベースにおいた障害の重層性を示したものである。すなわち、病のせいだけでなく、社会の側の病への理解が不足していることによっても障害が生まれ、維持されてしまうという、現状の構造を示したものである。つまり、まだまだ、傷のないことが健康という価値観の中にあるということである。
　実際のところ、このICIDHについては、障害とその現実的構造を客観的に概念化した点については評価された。すなわち、障害として見えている現象は、そのすべてが、本人の器質面における一次障害によって説明されるものではなく、それをどう理解し対応するかによって生じてきた、二次的三次的な障害の側面も小さくないのだという構造的な問題を提示し得たという点である。しかしながら、それは、あくまで医学上認められる一次障害を起点におき、その障害をめぐる、本人および社会における負の連鎖を捉えたという点に留まり、"障害とともに生きる者"の側に立った観点に欠けているという旨の数々の指摘がなされてき

た。つまり、こうした指摘は、"障害とともに生きる者"の"生きる力"を視野に入れた定義にはなり得ていないという問題、すなわち、世界保健機関の定義に基づく健康観が反映されていないモデルに留まっているという問題を指摘するものと言える。

　こうした問題を踏まえ、健康の定義を視野に入れた改訂版が2001年の国際生活機能分類(International Classification of Functioning, Disability and Health; ICF)である(図0-1)。例えば実際には、器質面の一次障害やそれによる心身の機能障害がある場合でも、例えば、個人の意欲やパーソナリティによって、あるいは、環境側からのはたらきかけ等によって、特定の活動や、社会的参加が可能になったり、そのことを通じて、心身の機能障害や状態にポジティヴな変化が起こったりする。ICFの障害モデルは、こうしたポジティヴな個人要因および環境要因やそれらの相互作用を視野に入れた動的構造としての包括的な障害概念を提示するものと言える。

　つまり、21世紀に入って、ようやく、障害モデルが、戦後にうちたてられた健康の理念に追いついてきた。では、実際の人間社会における現状、特に心的次元における問題についてはどうだろうか。

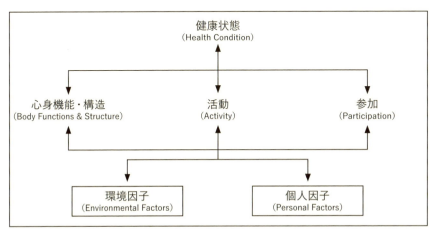

図0-1　国際生活機能分類による障害モデル(The ICF Model: Interaction between ICF components)(WHO, 2001)

# 第2節　現代社会における心理学的問題
## ——「主体性」と「社会性」をめぐる問題

　日本においては、今や、"心の問題"が日常的な生活視野に一定の位置を占めるようになって久しく、近年は特に、"発達障害"、"新型うつ病"、"ひきこもり"、"虐待"等が、社会的問題として多様なメディアでとりあげられ、人口に膾炙するに至っている。しかし、その問題理解においては、いずれにおいても、「社会的な関係をもつ力が弱いから」、「自分がないから」、そのような状態に陥るのではないか、といった捉え方が、一般的に根強く存在している。つまり、"社会性"と"主体性"に関わる能力の"欠如"ないし"乏しさ"として問題視されている。このことは、社会との関係、自己自身との関係に困難を抱え、心身に不調をきたす、あらゆる精神疾患に対する理解においても同様である。

　こうした問題に関し、器質的側面、心理的側面、社会的側面などさまざまな角度から研究が進められている。それぞれ固有の問題を孕んでおり、その特質に関する理解も深められつつある。しかし、問題の部分部分については細やかに専門的研究がなされている一方で、その背景をなす根本的な視座は、一般社会の価値観に留まっている場合も少なくないのではないだろうか。どの精神疾患あるいは障害においても、健常範囲の不調においても、「心の不調」を"社会性"と"主体性"に関わる能力の"欠如"ないし"乏しさ"」に問題があるために生じることとして捉え、その種類の違いとして捉えていることは多く見受けられる。臨床心理学領域における心理アセスメントと心理療法においても例外ではない。

　心理アセスメントにおいて、その人の社会的・主体的な「困難」とその性質を捉えること自体は重要である。しかし、その「困難」を捉える際に、単に「能力の高低ないし有無」に帰結しているだけでは、表面的な状態像を捉えたにすぎない。第1節で見てきたように、それでは依然として古い障害観に縛られたままと言えないだろうか。それでは、その人の生を障害の有無のみで捉えてしまい、本人の"生きる力"やそのポテンシャルを見逃してしまうことにつながらないだろうか。

　必要なのは、本人の"生きる力"を見出し、支えていくことではないだろうか。

そもそも、心にどのようにして主体性と社会性が生まれてくるのか、それがどのようにして"生きている"主体と社会として心につかみとられていくのか、その潜在的プロセスを視野に入れて捉えようとすることが重要なのではないだろうか。そのような視座をもつことで、顕在的には能力不足・欠如として見える事態であっても、潜在的なポテンシャルとその萌芽を捉えることが可能になってくるのではないだろうか。

## 第3節　心の生きている次元と心の不調感
―― 心の不調感は新しい自己への入口である

　では、"生きる力"とは何か。誤解をおそれずに言うならば、心こそは、生きる力である。

　心は、自らの中にある力でありつつも、自らを超えて自らを動かし、新たな自己を生み出す力である。環界との関わりの中で、自らと他者や物事を捉え、自らと社会を新たに生み出し続ける力である。

　さらに言えば、心の体験している自己や他者や世界には、心がさまざまな次元において生み出している像（image）としての面と、そのように心が生きて感じて捉えて自らを動かすというはたらきの面がある。そして、心の見ている世界の中に、われわれは生きている。そこに心的現実がある。しかし、それは一時もとどまってはいない。自らの個人史や、その中でつかんできた自己観や世界観、他者観も、生きる中で刻々と変化を遂げている。

　こうした心の力は、そもそも、生き物としての力であると言える。つまり、それは、必ずしも意識的な自覚を伴うものばかりではなく、生き物としての、器質的基盤に基づく生命活動の一環としての次元も含み込むものである。つまり、生き物として、生命維持が目指され、物事をよりよく捉える力や方略をさまざまに培うことが推進され、生命の危機にさまざまな次元で対応している。心は、おそらく、自然発生的には、生命あるところに、生命が生きようとするところに、伴うべく生まれ来た力であり、その意味で必ずしも意識されうる範囲にとどまらない、広義における「主体（subject）」の力ということができよう。

現代は、科学技術の発展に伴い、何が、どこまでが、生命であるのか、あるいはどこまでが生であるのかが問われ続けている。それはどこまでが自己でどこからが非自己なのか、どこからが他者なのか、という問いや、生命と心との乖離の問題をも孕んでいる。このような、現代社会の根底に横たわっている問いが、第2節の冒頭で述べたように、"「主体性」のなさ"、"「社会性」のなさ"と見えるものが槍玉にあげられるという形で、問題とされ続けているのである。

　一方、心は、もう一つの生命感覚を生み出してきた。生命の危機の感覚に匹敵する、いわば"心の次元での生き死に"にまつわる感覚、すなわち、「自己」存在の危機の感覚である（松下，2012）。

　先に、心は、自らの中にありながら、自らを超えて自らを生み出す力であること、環界との関わりの中で、自らと他者や物事を捉えつつ生み出す力であることを指摘し、その本体は、生命に伴うべく生まれ来た力であり、意識されつくせない、広義における主体（subject）の力と述べた。こうした意味での主体としての心が、さまざまな次元で捉えている、心自身のはたらきと像を、自己と呼ぶことができる。心や自己に関する理論には、意識されうる力だけでなく、意識を超えて働いている力を捉えたものは少なくないが、本書では中でも、木村敏の理論をとりあげ、後の章で詳しく論じる。

　話を"心の次元での生き死にの感覚"に戻そう。

　自己は、生き物としての主体である心が、生きる中で育み形成してきたものである。自己形成は、自己が生きる中で何をどうつかみとってきたかという側面がある。自己をつかむということの中には、自己として、あるいは自己にとって重要なものとして、何かを知らず知らずのうちに選び取っているという面が含まれる。そのため、自己感覚や存在感覚は、自ずから明らかなものとして、体験のうちに直接的に備わっているかのように体験され生きられる。そして、そのような、自己が自己であるために欠くことのできない、自己の自己性を支えているものが、失われたり大切にできなかったりする時に、自己という心の次元における生が「揺らぐ」体験が生じるのである。それは、自分にまつわる、心の「不調感」や「苦しみ」として体験されうる。それ自体は、必ずしも生命的危機でなくとも、心的次元における自己と世界の存在を支えるものが揺らぐことは、「心的次元に

おける自己と世界の存続の危機」として、いわば「心が生きるか死ぬかの危機」として体験されうるのである。

　すなわち、心の「不調感」や「苦しみ」は、自己である上で、生きる上で、「決定的に大切なものの不足感」を含んでいる。それは、心の「不調感」や「苦しみ」が、逆説的に、「自己が自己であるために必要な何か」の存在を映し出しているということである。つまり、「自分を支える力の"不足"と感覚される"不調感"は、自分に"必要"なものを感覚する力」(松下, 2012) であると言える。それは同時に、本人の心が、それまでの捉え方を超えて、新たな捉え方を見出しつつある「萌芽」が含まれているということを指していると考えられる。つまり、心の「不調感」や「苦しみ」は、「新しい自己への入口」なのである。心理アセスメントや心理療法は、そうした潜在的な主体的「萌芽」を見出すことが重要であると言える。たとえ、外部からは一見、「主体性」や「社会性」の不足や欠如としてみなされるような場合においても、である。

## 第4節　本書の視点
――心の不調感の中にあるポテンシャルを見出す視座

　本書では、こうした問題意識の下、心的次元における「主体性」や「社会性」の問題をダイレクトに問うている心の問題として、離人感 (depersonalization) をとりあげたい。これは、心的現実感 (reality) の「喪失感」として訴えられるものである。離人感が孕む、その人の心が常に潜在的に培いつつ問い続けてもいる、「自己と他者および世界の成立」のあり方に目を向けることで、単に"心的リアリティの欠如や減弱"といった心的能力の量的問題あるいは破綻として捉える視点を超えて、「心的リアリティの質」を捉える視点を発掘したい。それを通じて、その人が生きている心的リアリティに迫るとともに、その潜在的主体を見出すための視点を提供しようとするものである。

　こうした視座から、まず、既存の離人症論を理論的に再検討する (第1章)。心的次元における自己や世界の成立次元に関する理論である、木村敏の存在構造論を理論的に再検討するとともに、尺度開発を通じて、概念構造を実証的に検討し

(第2章・第3章)。この観点から、離人症論を捉え直すことで、新たな離人症論を提言するとともに、新たな離人感尺度を作成する(第4章)。さらには、離人感と存在構造の関係を分析し、実証的に検討する。つまり、存在構造を捉える視点をもつことで、その人の離人感の性質、つまりその人の心的リアリティの性質を捉えることがより一層可能になると考えられる(第4章)。

加えて、離人感の奥にある潜在的主体にさらに迫るために、風景構成法という描画法を用いて検討する。風景構成法の構成にその潜在的主体が表現されうることを理論的に検討し、既存の構成型カテゴリを再検討するとともに、新たな構成型を提言する(第5章)。離人感の質と新たな構成型の関係について実証的に検討し、同じ言葉で表現されるような離人感であっても、風景構成法の構成を捉えることで、さらに離人感の性質の違いを捉えることが可能になることを論じる(第5章)。

以上を通じて、離人感は新たな心的自己が潜在的に発動している事態であり、その入口を示しているということ、離人感を心的リアリティの欠如や減弱と捉える観点を超えて、離人感という心的リアリティとして捉え、その質に迫るための観点をもつことによって、離人感の奥にある潜在的主体を見出し支えることにつながること、それが心理臨床において不可欠であることについて論じる(第6章)。

このように、離人感の問題は、現代社会において問題とされる、"発達障害" "新型うつ病" "ひきこもり"、あるいは "生きる力の教育の必要性" 等、一見ばらばらに見えるこうした諸問題が、共通して捉えている "主体性" の問題の根幹に関わると言え、離人感の問題の探究は、現代社会におけるさまざまな心理社会的問題へのアプローチに寄与すると考える。

また、そのような潜在的ポテンシャルを捉える際に、言語的次元のみならず、描画法などの投映法を用いた前言語的あるいはイメージ的次元の表現から捉えていくことが有用と考えられる。描画法は、心理臨床の領域・分野や対象を問わず、最も適用されている心理アセスメント方法の一つであるが、その本質において、前言語的に心が捉えつつあるものを表現すること自体が、心との対話構造をもち、心理療法的要素の高い方法である点に特長がある。にもかかわらず、実際の適用において、その読み取り・解釈が「顕在能力の高低・有無」や「顕在的な情

動体験」を捉えるに留まっていることも少なくない。顕在的な困難の側面だけでなく、困難に見える状態像が孕んでいる適応面や潜在的ポテンシャルの側面を捉える視点を発掘することはたいへん意義が大きいと考えられる。

　本書は、このように、心的次元における生きる主体の生成にまつわる問題を捉える潜在的ポテンシャルを捉える視点について論じ、新しい心理アセスメントと心理療法などの臨床心理学的アプローチの視点を提示しようとするものである。

# 第1章 離人症論の再検討

## 第1節 離人症と離人感

### 1. 離人症／離人感にまつわる問題

　離人症(depersonalization)とは、自らの精神過程、身体およびそのはたらき、あるいは外界にまつわる「心的現実感(reality)」の喪失感の訴えによって、それと知られる症状群である。その症状体験を「離人感」と呼ぶ。その典型的なものをあげてみよう。


「自分が自分でない感じがする」
「身体が借物のようで、自分で動いている感じがしない」
「人と話していても実感がなく、ガラス越しに会っているよう」
「まわりの世界が生き生きと感じられず、現実感がない」
「そこに花があるとわかっているのに"ある"という感じがしない」


　このように、自己や自己の身体、あるいは他者や事物や周囲について、それらが"ある(いる・存在する)"という"客観的"現実は認識されていても、"ある"という"実感"がない、という体験を離人感と呼んでいる。
　離人感は、後に詳述するように、あらゆる精神疾患に見られ、軽いものは正常範囲の体験としても見られ、特に青年期心性の一つとして数えられてもいる。中心となる訴えが、自己が自己である感覚や、自己や他者や世界がある(存在する)

感覚が、どこにあるのか、いかにして生じるのかについてダイレクトに問う症状体験であるため、精神医学において特別な関心が向けられてきた（木村，1976a）。特に、離人感の本質について、統合失調症（精神分裂病）性と見る立場、うつ病性と見る立場、強迫や解離との関連を見る立場など、さまざまな立場からの理論的検討や実証的検討がなされてきた。しかし、その本質をいかに理解するかは未だ結論に至ってはいない。また、こうした精神病理学的な本質論をめぐる議論に加えて、燃え尽き症候群やストレス障害との関連についての議論が盛んになされるようになって久しいが、特に近年は、事故や災害などの危機体験や、虐待体験などの、外傷体験との関連でも注目されてきている。

　こうした中、現在のところ、世界保健機関（World Health Organization; WHO）によるICD-10（疾病及び関連保健問題の国際統計分類；International Statistical Classification of Diseases and Related Health Problems、略称：国際疾病分類；International Classification of Diseases: ICD第10版：1990年の第43回世界保健総会で採択後、数回の改訂がなされ、2018年現在の最新版は2016年改訂版）では、神経症が「神経症性障害（neurotic disorders）」という名称に変更され、「神経症性障害、ストレス関連障害及び身体表現性障害」（F40-F48）なるカテゴリに一括されたが、離人症は、このうち「その他の神経症性障害（Other neurotic disorders）」（F48）の中に「離人・現実感喪失症候群」（F48.1）として含まれ、「解離性［転換性］障害（Dissociative [conversion] disorders）」（F44）とは区別されている（表1-1）。一方、米国精神医学会（American Psychiatric Association; APA）によるDSM-5（精神障害の診断と統計マニュアル；Diagnostic and Statistical Manual of Mental Disorders：DSM第5版、2013年）においては、「解離症群／解離性障害群（Dissociative Disorders）」の中に「離人感・現実感消失症／離人感・現実感消失障害（Depersonalization/Derealization Disorder)」として含まれている（表1-2）という違いがある。このように、離人感を解離や転換などと連続性のあるものとして包括的に捉え、それらをスペクトラムとして見渡しつつ、その中での類型ないし区分を検討しようとする流れがある一方で、離人症を自我意識の障害と位置づけ、健忘がない等の点から、解離性障害に分類することに反対する議論もある。

表1-1　ICD-10における離人・現実感喪失症候群
(Depersonalization-Derealization syndrome)(WHO, 2016)

F40-F48　神経症性障害、ストレス関連障害及び身体表現性障害
F48　その他の神経症性障害：Other neurotic disorders
　F48.0　神経衰弱
　F48.1　離人・現実感喪失症候群
　F48.8　その他の明示された神経症性障害
　F48.9　神経症性障害、詳細不明

参考　F44　解離性［転換性］障害；Dissociative (conversion) disorders
　F44.0　解離性健忘
　F44.1　解離性遁走〈フーグ〉
　F44.2　解離性昏迷
　F44.3　トランス及び憑依障害
　F44.4　解離性運動障害
　F44.5　解離性けいれん〈痙攣〉
　F44.6　解離性無感覚及び感覚脱失
　F44.7　混合性解離性［転換性］障害
　F44.8　その他の解離性［転換性］障害
　F44.9　解離性［転換性］障害、詳細不明


表1-2　DSM-5における離人感・現実感消失症／離人感・現実感消失障害
(Depersonalization/Derealization Disorder)(APA, 2013)

Ⅷ．解離症群／解離性障害群；Dissociative Disorders

解離性同一症／解離性同一性障害；Dissociative Identity Disorder
解離性健忘；Dissociative Amnesia
　該当すれば特定せよ；Specify if
　解離性とん走を伴う；With dissociative fugue
離人感・現実感消失症／離人感・現実感消失障害；Depersonalization/Derealization Disorder
他の特定される解離症／他の特定される解離性障害；Other Specified Dissociative Disorder
　混合性解離症状の慢性および反復性症候群；Chronic and recurrent syndromes of mixed dissociative symptoms
　長期および集中的な威圧的説得による同一性の混乱；Identity disturbance due to prolonged and intense coercive persuasion
　ストレスの強い出来事に対する急性解離反応；Acute dissociative reactions to stressful events
　解離性トランス；Dissociative trance
特定不能の解離症／特定不能の解離性障害；Unspecified Dissociative Disorder

## 2. 本書における視点

　こうした議論を踏まえ、本書においては、離人症／離人感が、解離との連続性がありつつも、全面的な解離とは異なり、いわば、解離を体験している自我意識が存在しているというところに、他の解離性症状に比して特異性がある点と、そこに自己の自己性や存在性のリアリティを問うている点、という2点を重要視したい。そして、上述の議論とも通底し、これまで多くの論者から指摘されている主要な問題点として、さまざまな質の体験が同じ「離人症」あるいは「離人感」として扱われているという点をとりあげたい。

　一見、疾病特異性のない、健常範囲からあらゆる精神疾患や障害にわたって見られる離人感について、その質的相違を検討することは、主体が生きているリアリティの性質とその根源について検討することにつながると考えられる。「自己としての生と存在のリアリティを感じられない」という体験は、「自己としての生と存在のリアリティを支えているものが何であるのか」を逆説的に指し示すからである。

　そして、自己が自己であることを支えている、これが揺らいでは自己でなくなってしまうというような、自己が自己である上で重要になっている点の違いが、いわば「自己を支える"心の軸足"がどこに置かれているのかの違い」であり、自己のあり方や自己の生きる心的世界の性質の違いにつながるものと考えられる。自己の"心の軸足"が揺らぐ時に、自己が自己であることが揺らぎ、その生と存在のリアリティが揺らぐ。したがって、生きる"心の軸足"の性質の違いによって、離人感の性質が異なると言える。

　生きる主体の心的次元において、自己に「自己性」を与えているのは何であるのか、自己や他者や世界が「生きた」ものとして「存在」しているという手ざわりと手ごたえはどこから来るのか、という点についての性質の共通点と相違点を見出す視点を発掘することは、単に離人感へのアプローチという範疇を超えて、個々の主体の生きる心的リアリティへのアプローチに貢献しうると考える。

　本書では、こうした視点に立ち、自己を支える"心の軸足"と離人感との関係について、以下に検討する。なお、離人症も離人感もdepersonalizationであるが、本書では、基本的に、症候群としてのそれを「離人症」、症状体験としてのそれ

を「離人感」として表記する。

## 3. 離人症の概念と臨床的位置づけ

さまざまな性質のものが同じ「離人症（離人感）」として扱われているため、それらの質を見分けていくにあたって、まずはあらためて、離人症に含まれる範囲がどこからどこまでなのかを見ていこう。

### 1）離人症の概念

現代の「離人症」概念に相当する現象について、最初に学問的に記述したのは、モーリス・クリサベール (Krishaber, 1873) とされている。彼は、ハンガリー（当時）に生まれ、後にフランスに帰化した耳鼻咽喉科医であったが、咽頭癌に関する業績などに加えて、離人症の他、パニック障害、身体図式にあたる概念についても、最初に学術的に記述した人物とされている。

用語として、「離人症」にあたる語を最初に提唱したのは、フランスの心理学者であるデュガ (Dugas, 1898) であり、dépersonnalisation と名付けられた。日本語の「離人症」は、この dépersonnalisation を三浦百重 (1937) が邦訳したものである。デュガは、この語を「人格の疎隔 (aliénation de la personnalité)」の意味で用いており、後の新福・池田 (1958) による「人格喪失感」という訳語のほうが原意に近い (木村, 1976a) と指摘されているが、三浦による最初の訳語のほうが現在も用いられている。

dépersonnalisation の語は、ドイツ語圏では Depersonalisation、英語圏では depersonalization として取り入れられた。エスターライヒ（エステルライヒ、Oesterreich, 1906）は、離人症の概念について、人格ないし自我の喪失感を Depersonalisation とし、外界の疎隔 (Entfremdung der Wahrnehmungswelt;「知覚界の疎隔」) とは区別して論じている。同様に、オーベルンドルフ（オーバンドーフ、Oberndorf, 1936）が外界の疎隔感を feeling of unreality と呼んだ他、ドイツ・ハイデルベルク学派のマイヤー＝グロス (Mayer-Gross, 1935) がマポーザー (Mapother, E.) に倣って、derealization と呼んでいる。この derealization の用語は、ドイツ語圏 (Derealisation) やフランス語圏 (derealisation) でも取り入れられている (木村, 1976a)。このように、depersonalization を自我喪失感の意味で用い、外界疎隔感 (derealization, feeling of unreality) と区別する立場がある一

方、自我喪失感と外界疎隔感を特に区別せず、depersonalization（Depersonalisation, dépersonnalisation）と呼ぶ場合も少なくない。

加えて、ハウク（ハウグ、Haug, 1939）は、ウェルニッケ（Wernicke, 1900）の体験の3領域に基づき、離人症を、自我意識性（autopsychisch）、身体意識性（somatopsychisch）、外界意識性（allopsychisch）の3つに分類している。上記の自我喪失感が自我意識性の離人症、外界の疎隔感が外界意識性の離人症にあたり、これに身体意識性の離人症が加わったかたちとなっている。

ただし、シルダー（Schilder, 1914）は、自我－外界意識性離人症（auto-allopsychische Depersonalisation）として、自我意識性の離人症と外界意識性の離人症を本質的に同じものとしている。また、安永浩（1987）も、離人症状として、自我意識、身体意識、外界意識のいずれかが前景に立つことは多いが、少し重い例になるとほとんどの場合、全領域にわたる訴えが聴かれるようになるため、それら3領域に分類される症状すべてに伏在する、離人症の中核が存在する、としている。つまり、離人症に3領域に基づく別々のタイプがあるというわけではない。さらに安永は、この考えに基づいて、「離人症」すなわちdepersonalizationはこれら3領域にわたるものすべてを含むほうがふさわしいとし、derealizationは離人症の部分症状としての「実在感喪失」のみを指すものとして用いるほうがよいとしている。本論では、基本的にこの立場をとるものとする。

### 2）離人症状の種類

離人症の輪郭をもう少しつかむため、離人症に含まれる、症状の種類について見てみよう。離人症の症状には次のようなものがあげられる。

a) **存在感**（実在感）**喪失**（derealization）
自分自身を含む事物一切が実際に「ある」「存在する」という実感が失われるもの。

b) **自己喪失感・自己変容感**（自己同一感喪失）
自分自身が失われた感じ、自分自身でなくなった感じがするもの。

c) **有情感喪失・生命感喪失**（desamination）
外界や対象に本来なら感じていられたような「生命感」「生き生きした感じ」が失われるもの。芸術作品などに対する「美しさの感覚」や「意味感」が感じられな

いという状態や「季節感」の喪失もこれに含まれる。また、広い意味では、自己の生命感喪失や、感情や意欲の喪失感も含めることができると考えられる。

　d) 感覚喪失感

　感覚知覚はあるが、それに「実感」が伴わないもの。

　e) 親和感喪失

　よく知っている対象や物事あるいは精神過程から「なじみの感じ」が失われるもの。

　f) 実行意識喪失・能動性意識喪失

　自分の行為について、本来なら自明に伴っていて、自覚さえされていないような「自分がやっている」という感じがもてなくなるもの。

　g) 自己所属感喪失

　自己の身体の全体あるいは部分が「自分のもの」という感じがなくなるもの。

　h) 疎隔感 (Entfremdung)

　a)～g)の体験のすべてに伴っている、体験の中に割り込む異質感・違和感を伴う遠さを感じるもの。連続感や充実感が失われる。この疎隔そのものが感じられる場合がある(例えば「人と話していても、間にガラスか何かを通して話しているような感じがする」など)。

　i) 二重意識

　h)の疎隔感を認識している覚醒した自我が存在し、それによって自らの体験世界が「二重」になっているという「意識」。

## 3) 離人症状の臨床形態と位置づけ

　こうした離人症状は、比較的純粋なかたちで、それ自体が主症状となる場合もあるが、統合失調症(精神分裂病)、躁うつ病、神経症、てんかんなど、あらゆる精神疾患の一部症状として広範囲に見られる。また、ごく軽い一時的なものとしては正常範囲でも見られる (Dixon,1963他)。安永 (1987) が、離人症状が臨床的にどのようなかたちで現れるかについてまとめたものをもとに、離人症状の臨床形態と位置づけを概観する (表1-3)。

　《Ⅰ　離人神経症》は、比較的単一に離人症候群のみが現れ、持続は長短さま

表1-3　離人症状出現の臨床形態（安永, 1987の表を一部改変）

| | | | |
|---|---|---|---|
| I | 離人神経症 | a) 単一型 | (1)「発作」ないし「挿話」型<br>(2) 定型 |
| | | b) 複合型 | |
| I' | 離人病（清水, 1986）・重症離人症（内沼, 1985；高橋, 1986, 1989） | | |
| II | 内因性精神病に伴う離人症<br>a) 躁うつ病における離人症<br>b) 統合失調症（精神分裂病）における離人症 | | |
| III | 外因性疾患に伴う離人症　　……側頭葉てんかん | | |

ざまであるがやがて治癒し、後に後遺症を残さない型であり、病識と現実検討能力を保持している点から「離人神経症」と総括される。この離人神経症群は便宜上、比較的純粋な症状形態であるa)「単一型」と、浮動性が大きく多様な離人症状と他の神経症症状を伴うb)「複合型」とに大きく分けられる。「単一型」はさらに、ごく短く反復傾向をもつ (1)「発作」ないし「挿話」型と、持続が長く障害の程度も重い (2) 定型とに分けられる。

　このa) 単一型の (1) (2) に関し、清水 (1986) は、特に後者には実行意識喪失感・自己生命喪失感などの分裂病（統合失調症）心性との類縁性を感じさせる症状が見られるとしながらも、両者はともに、自己や外界の疎隔感や親和性喪失感、自己身体自己所属喪失感といった離人症状を中核症状とし、経過において人格水準の低下その他の徴候がないことから、神経症とも分裂病とも異なるとして、この「単一型」にあたる離人症を「離人病（Depersomalisationskrankheit）」と呼ぶことを提唱している。これに対し、内沼 (1985) や髙橋 (1986, 1989) は、後者にあたる離人症の、精神分裂病（統合失調症）との鑑別も問題となるような"重症"さを強調し、これを「重症離人症」と呼んでいる。

　《II　内因性精神病に伴う離人症》としては、a) 躁うつ病における離人症と、b) 統合失調症（精神分裂病）における離人症がある。

　a) の躁うつ病における離人症について、安永 (1987) は、うつ病に随伴する離人症は、うつ病特有の大きな気分変化の中に埋もれたものであり、「疎隔」や"割り込む異質感"を欠くとし、木村も、うつ病の部分症状としての感情喪失感であるとして、両者ともに狭義の離人症とは一線を画すべきとしている。また、坂本

(1989) は、うつ病の一般的な症状とうつ病における離人症は、ともに「否定形」で語られる共通点があるが、両者の中身は異なっているとし、うつ病における自己は「感情制止」や「空虚」に盲目的・同一化的に関わるが、うつ病における離人症は、それらに同一化せず、内省的に関わる、という違いを指摘している。

b) の統合失調症 (精神分裂病) における離人症は、統合失調症の前駆症状あるいは随伴症状として現れる。離人症は、統合失調症発病の前駆症状としてしばしば現れ、発病後は自我障害が表面化し、離人症はその背後に退くが、裏に伏在している (安永, 1987)。離人症と統合失調症の近縁性・連続性を指摘する研究者は古くから多いが (Lewis,1949; Klein,1946; Rosenfeld,1947; Winnik,1948; 村上, 1943; 島崎, 1949, 1950; 小川, 1961)、神経症としての離人症の、統合失調症発病に対する防御活動としての面も指摘されている (中井ら, 1989)。

《Ⅲ 外因性疾患に伴う離人症》としては、基礎疾患と離人症状との因果関係が明らかにされているものとしては、側頭葉てんかんの症状としての離人発作がある。

## 第2節 離人症論の再検討

このようにさまざまな水準と領域にわたる離人症の中核をどのように捉えるべきかは、今日まで多くの研究者によって論じられてきたにもかかわらず、未だ結論は得られていない。これに関し、1970年代前半までに発表された離人症論については、木村 (1976a) による、精神医学的立場からの卓越したレビューが既に存在する。本書では、木村による、主に精神医学や現象学的・存在論的人間学等の立場によるレビューを踏まえつつ、それらの分野における離人症論に関する文献を、木村がとりあげた文献以外にも広く洗い直すとともに、さらに、精神分析等を含む心理療法学や、多様な心理学的立場からの近年の調査研究等の文献も含め、さまざまな立場からの離人症論を概観し、臨床心理学的見地から再検討する。

### 1. 最初の離人症論とその再検討

離人症を単位的に捉えたのは、クリサベール (Krishaber, 1873) の「脳心臓性神経

症(névropathie cérébro-cardiaque)」が最初であり、次の症例報告がなされている。

> 「私の体のまわりには暗い雰囲気のようなものが生じた。私はそれでも陽が照っているのを見た。暗いというこの言葉は私の考えを正確に伝えてはいない。ドイツ語のdumpfという言葉を用うべきであって、それは重苦しい、厚い、光沢のない、沈みかえった、ということを意味する。この感じは視覚だけでなく、触覚にも及んだ。一つの層のような、何か不良導体のようなものでもって、私を外界から孤立させているこの感覚がどんなに深かったかということは口では表し得ないのであって、この世の果てにでも運ばれたようで、機械的に私は『遠くへ来た。遠くへ来た』という言葉を高く発した。しかし、私は遠くへ行っていないということをよく知っていて、私に起こったことを非常に明瞭に覚えていたが発作の前と後との間には長い間隔、地球から太陽への距離が存在していた。
> 　私は私の存在の意識を失った。私は私自身ではなくなった。……」(新福・池田, 1958)

　クリサベールは、当時の神経生理学をもとに、脳神経系の感官知覚の機能障害による誤った知覚を、冒されていない高次の精神機能によって、「なじめない」「非現実的な」印象として感じ取ることで、このような離人症状が生じるとした。すなわち、「感覚知覚器官の異常」を「高次精神機能が感知」することで生じる、と考えたのである。
　この学説そのものは、後に、離人症者の「感覚知覚器官の異常」が認められないことを理由に顧みられなくなった。しかし、クリサベールの学説に含まれる視点には、離人症の重要な本質がキャッチされていると考えられる。「感覚知覚器官の異常」は原因そのものとしては誤りであったかもしれないが、"自分自身の感覚知覚"にまつわる何らかの"異常"を感知することで生じる、という点に離人症の本質を求めていた点は、案外と重要なのではないだろうか。つまり、この観点の中には、"自分自身が知覚し感覚していることに、違和感を覚え、自分の知覚感覚を自分の体験としてそのまますんなりとは受け入れられない"点について

の指摘が含まれていると考えられる。そこには、"自らがキャッチし捉えていることそのもの"や、"キャッチし捉えている自分自身"への根深い疑念がある。

　この点について、安永(1987)も、離人症概念の中核がクリサベールの症例記述の中に既に含まれているとし、「疎隔」と「二重意識」を重要な2点としてとりあげ、以下のように指摘している。

　「疎隔」とは、あらゆる感官領域に及ぶ「体験の中に割り込むように入ってきている奇異な『疎隔』の感覚」であり、「単にそれらの感覚が『遠くなる』『弱くなる』といった感覚強度の『量』的減少だけを意味するのではなく、一種の断層(裂隙、隔膜)によって割り込まれ隔てられていることで『遠ざかる』に至った『質』的な変化」を意味する。

　一方、「二重意識」とは、「それ(疎隔)を苦痛としつつ認識している"正常な""覚醒した"自我が存在しつづけていること」であり、それによって「自分の体験世界は『二重』になっている、という『意識』」である。これは、例えば、意識混濁では「意識の根元の方から変化が生じてきて」「本来正常覚醒意識にあった距離感さえぼやかし、自他混融させる」意識状態に陥るが、こうした意識障害時に、意識を何とか「働かせて」いるような事態とは異なる。離人症における二重意識はむしろ正反対で、「覚醒した自我意識の前に、変質した世界が割り込んでくることで生じる」と述べている(安永, 1987)。

　したがって、安永(1987)は、離人症概念の中核としてとりあげた、「疎隔」と「二重意識」は別々の事態ではなく同一本質の両面である、としている。

　この安永の論を踏まえると、クリサベールが、「感覚知覚器官の異常の認知」すなわち「誤った知覚」としての認知は、自らの感覚知覚をそのまま受容できない「疎隔」の体験であり、その「誤った知覚」を「高次機能が感知」している状態が「二重意識」と見ることができると考えられる。

　この点をさらに一歩踏み込んで言うならば、クリサベールの「自分の知覚を"誤った知覚"と感じることで生じる」という視点には「"より正しい確かな"ものとして捉えようとする精神機能によって生じる」というアイディア、すなわち、「さらなるリアリティを求めるはたらきによって生じる」というアイディアの萌芽を看取しうると考えられる。

## 2. 19世紀末から20世紀初頭にかけての離人症論の再検討

クリサベールと同時代の、19世紀末から20世紀初頭にかけて、離人症に関するさまざまな学説が盛んに立てられた。それらを概観すると、大きく次の2つの立場に代表されると考えられる。それぞれを少し丁寧に見ていこう。

### 1) ウェルニッケ学派

#### a) 体感説

一連のウェルニッケ (Wernicke) 学派は、すべての感官知覚は、①「知覚の純感覚的内容」と、それに伴う②「器官感覚 (Organempfindungen)」の2つの成分からなる、と主張した (例えば、①については「感受知覚」(Storch, 1901)、②については「筋知覚」(Storch, 1901) や「内臓感覚」(Revault d' Allonnes,1905) といった概念が見られる)。その主張に基づき、離人症を、「純感覚知覚と器官感覚の分離」(Storch, 1901) や「器官感覚の減弱・麻痺」(Revault d' Allonnes, 1905) によって生じるとする説が提示された。これらも、各種器官感覚の実在証明や器官感覚障害の検出が困難なため、学説としては顧みられなくなった。

しかし、ここでも、あえて、これらの説の捉えようとしている、離人症のエッセンスを整理してみよう。これらの説が捉えているのは、①"知覚しただけでは「心的現実感」を感じない"こと、②"知覚を「体感」することで、いわばリアリティの受肉とでもいうべき、知覚の現実性格・実在性が生じる"こと、③"その体感を感受する能力不全によって生じる"ということの大きく3点が指摘されていると言える。まとめると、"リアリティは単なる知覚を超えた、体感能力によって獲得されるが、離人感は、そのような能力の不全ないし不足によって生じる"というわけである。

#### b) 感情説とその周辺

ほぼ同時期、やはりウェルニッケの考えに基づき、①感覚知覚の内容あるいは知覚過程に、②感情的色彩を与える心的機能があると捉え、③離人症を②の機能の障害によって生じるとする立場が存在している。②に関しては、例えば、「器官感情 (Organgefühl)」「活動感情 (Aktionsgefühl)」(Juliusburger, 1905, 1910)、「能動性感情 (Aktivitatsgefühl)」(Oesterreich, 1905-7) や、これらの「感情」の能動性・自発性によ

り注目した「意志感情（Willensgefühl）」(Störring, 1900) 等の概念が見られる。

　この見方は、基本的には、上述した「体感」説と似ているが、リアリティの感受能力を「感情」能力に置くという点で、より心の領域で捉えていると言えよう。さらに、ここでいう「感情」とは、知覚や体験に伴って湧き出てくる快不快を中心とした精神過程よりも、あえて言うならば、"知覚や精神過程や体験を、情緒的に、生きたもの、自分のものとして捉え推進する精神機能" という面のほうに力点があるように思われる。また、これらとは少し異なり、精神的な「活動感（Aktionsgefühl）」の障害として離人症を考える立場もある (Löwy, 1908)。この活動感は、感情活動の対象や内容に対してではなく、「感情活動・精神的活動それ自体への関心」、活動することそのものを裏打ちしているはずのはたらきそのものを捉えるはたらきを指している。

　このように、ウェルニッケ学派全体の主張を整理してみると、離人症を、知覚にリアリティを与える機能の障害、すなわち、「リアリティを感じる力が欠けて生じる」と考えていた、という特徴が浮かび上がってくる。この点は、「リアリティを感じる力の異常」そのものでなく、「リアリティを感じる力の異常を感知することで生じる」とする、"さらなるリアリティを求めるはたらきによって生じる" という観点の萌芽を孕むクリサベールの観点とは、いわば正反対の見方と言えよう。

### 2）ジャネの「精神衰弱」説

　さらに、同時期の説としてジャネ (Janet, 1903) の「精神衰弱 (psychoasthénie)」説がある。この説の中心的概念として「実在機能 (fonction du réel)」があげられる。

　ジャネは、心的統一体としての人間の心理的活動は、高度のものからより要素的で低度のものにいたるまでの階層的秩序をなしていると考えている。高度な心的活動は低度な活動を統制しており、その統制と集中には精神力、すなわち心理的緊張力と心理的エネルギーが要請される、というのである。こうしたあらゆる心的活動を発揮しつつ、いま・ここの状況に適応すべく、数々の心的活動を集中させ統制する、高度に進化した精神機能を、「実在機能」と呼んだのである。

　そして、何らかの原因で心理的緊張力や心的エネルギーが低下したまま、ある

状況において要請される心理的活動を発揮しようとすると、統制がゆるんで、実在機能が障害された状態となり、低度の心理的活動の数々が統制を欠いて派生し、神経症的症状として現れてくると考えた。その際、時に、この実在機能の障害自体が「空虚感(sentiment du vide)」として自覚されることがあるとしている。この空虚感が離人感にあたるとされている。

　ジャネの言う「実在機能」は、これまで見てきたような、「知覚」に「現実性格」や「感情」や「意志」や「推進力」を与える、いわば高次機能の決定版のようなものと言えよう。つまり、生理的次元を含んだあらゆる次元での心的活動をあますところなく感知しながら、その都度の最良の適応を身体次元も含めて実現していく複雑な機能である。そして、彼は、その実在機能の「障害」を「感知」することで、離人感(「空虚感」)が生じると考えているわけである。

　つまり、ジャネは、知覚にさまざまな次元のリアリティを与え、あらゆる精神機能を統御する、高次機能自体の異常"そのもの"が離人症を生むのではなく、「その異常を感知することで離人感が生じる」と考えている点に特徴がある。この点は、クリサベールによる、誤った知覚を高次機能が感知することで離人感が生じるとする説と共通点が認められる。すなわち、「さらなるリアリティを求めるはたらきによって離人症が生じる」というアイディアの萌芽が見てとれる。

### 3) 19世紀末から20世紀初頭にかけての離人症論のまとめ

　以上に見てきたように、1)のウェルニッケ学派と、クリサベールおよび2)のジャネとは、離人症論において対照的で、特に「リアリティ」を捉える力と離人感の関係については正反対の見方をしていると言える(表1-4)。1)のウェルニッケ学派の諸家は、離人症を、知覚にリアリティを与える機能の障害、すなわち、「リアリティを感じる力の欠如や減弱によって生じる」と考えている点に特徴がある。一方、2)のジャネや、クリサベールは、「リアリティをつかむ力の欠如や減弱などの異常」そのものではなく、「リアリティをつかむ力の異常を感知することで」離人感が生じると考えている点に特徴があり、「さらなるリアリティを求めるはたらきによって離人症が生じる」というアイディアの萌芽が含まれていると言える。

表1-4　19世紀末から20世紀初頭にかけての離人症論（まとめ）

クリサベール
　　① 感覚知覚器官の異常　＋　② 高次機能による①の感知
ウェルニッケ学派
　　① 通常のリアリティを感じる機能の異常（欠如・減弱）
ジャネ
　　① 実在機能の障害　＋　②①の自覚

　しかし、離人症の生成機序の考え方にそれぞれ方向性の違いはあるにせよ、これまで見てきたように、離人症の成因の中核として、かつての離人症成因論のさまざまな学説がその基礎概念で掴もうとしていたものは、一見する以上に「主体」に近いものであり、「リアリティを捉えるはたらき」あるいは「さらなるリアリティを捉えようとするはたらき」であったという点では共通していると言える。

　歴史的には、これらの学説やその基礎となる概念そのものは、直接的実際的には曖昧であったり同定困難であったり、離人症の全体像をつかむには要素的・部分的であったりして顧みられなくなっていった。この反省から、この後の研究は、根本的な主体の態度ないし存在様式に対する視点、すなわち、主観客観の分離以前の根源的現象への遡行を究極の目標とする現象学や存在論、また、精神分析等からのアプローチの方向、あるいは、全体像を客観的につかもうとする調査研究の方向が生じた。

## 3. 精神分析における離人症論の再検討

　1920年代から80年代前半にかけて、中でも殊に30年代から70年代の間に、精神分析の立場から、離人症に関する多くの論文が書かれている。精神分析的立場と一言に言っても、さまざまな立場があり、また時代によっても主流となる概念や解釈モデルは種々に異なるわけだが、この時期に発表されてきた論文は、それぞれの立場あるいは折衷的な観点から、その時期時期にポピュラーであった解釈モデル――主に、古典派においては超自我形成、クライン派においては分裂、自己心理学派においては自己断片化――を、離人症あるいは離人感が見られるとされた事例に適用して論じたものがほとんどである。

精神分析の祖であるフロイト（Freud, S.）自身は、離人症についてはまとまった論文を遺しておらず、ロマン・ロラン（Rolland, R.）に宛てた手紙（Freud, 1936）で、アクロポリスでの既視体験について書いているのが唯一遺された記述である。その中で彼は、離人現象の2つの一般的性格は、それが自我の防衛機制であることと、それが抑圧された過去の不快な体験に由来することを指摘し、自らの体験を学校でギリシャについて習った体験や父との葛藤と関連づけて述べている。

フロイト以後さまざまに発展したとはいえ、精神分析的立場から書かれた離人症論は、基本的にこのフロイトの見方を踏襲している。精神分析的立場による離人症論の共通点は、無意識を仮定し、離人症を、なんらかの圧倒的な外的ないし心的体験に起因する心的危機に対する防衛機制として捉えていることである。つまり、離人感の背後に、圧倒されて捉えきれないために意識すれば自己が危機に陥るような、外的ないし内的なリアリティの存在を仮定している。

例えば、欲求充足の断念（Nunberg, 1924; Morgenstern, 1931; Hunter, 1966）、幼児期に受けた罰（Lower, 1971）、原光景体験（Myers, 1977, 1979）、対象喪失（Bouvet, 1961; Myers, 1976; Fast & Chethik, 1976）といった外傷体験が活性化することで生じる、自己愛の傷つき（Nunberg, 1924）や去勢不安（Myers, 1976）などの不安に対する防衛として、あるいは、サドマゾヒスティックな願望（Lower, 1971; Miller & Bashkin, 1974）や、攻撃的欲動（Myers, 1976）などの無意識の願望や、口唇期的な圧倒的な憤怒の感情（Blank, 1954）などが突出したりして生じる不安に対する防衛として、離人症を捉える立場が見られる。また、神経症的不安の水準でなく、精神病的危機（Hamilton, 1975）に対する防衛として捉える立場も見られる。

このように、離人症の背後に見ているリアリティの性質は幅広いが、いずれも、それらを意識化しないことで、より一層の自己の危機を回避し、ある程度の自己を保つ、妥協的な態度として離人症を捉えている点では一致している。

しかしながら、これらは、離人症に限らない、神経症の機序についての精神分析的理解でもある。諸家が離人症特有の機序をどのように捉えているのかを、より詳細に検討すると、以下に述べる1）欲動や危機を"意識しない"点に重点を置いた説と、2）自我の自己観察機能の要因をより重視した説に、大きく分けることができる。

## 1) 欲動や危機を"意識しない"点に重点を置いた説

①自分から見た自己像と他人から自己像のズレの体験が、自分の口唇的欲求を母親にくみとってもらえなかった（ズレた）外傷体験を活性化させ、それに対する怒りと罪悪感を抑圧することから離人感が生じるとするもの (Hunter, 1966)。

②サドマゾヒスティックなエディプス的な被虐的願望と嗜虐的衝動の両方を充足し、かつその願望を意識しないために、離人症が用いられるとするもの (Bergler & Eidelberg, 1935; Lower, 1971; Miller & Bashkin, 1974)。

③不快な前意識的思考の意識化を妨げるため、自分を現実のものと認めない"否認"を中心とした防衛機制を用いるが、このような不安の防衛方法によって、自我の自己観察機能が直接的体験から離れてしまうことで離人症が生じるとするもの (Arlow, 1966)。

④離人症は去勢不安や対象喪失や攻撃的欲動を防衛するために自己表象が分裂していることにより生ずるとするもの (Myers, 1976)。

⑤離人症は自己断片化の危機に対する信号不安から生ずるとするもの (Stolorow, 1979)。

## 2) 自我の自己観察機能の要因をより重視した説

①退行的な症状を起こさないまま、リビドー充足がなされないことを自我が認識している状態が離人症であるとする説 (Nunberg, 1924)。

②対象から切り離されたリビドー成分が、退行ではなく、大人の意識生活の中心的課題をなす、世界を新たに感覚していく領域としての自己に固着しているとし、性的なものを断念するかわりに知性化するものの、「昇華の不成功」に終わっている事態が離人症であるとする説 (Morgenstern, 1931)。

③思考機能のみに偏ったリビドー備給（「思考の性愛化」）による、抽象的思考のみによる感情の排除によって、疎隔感を招くとするもの。その背景に、両親との関係において、より"考えるほうの親"（父母のうち思考機能がより高いほうの親）への同一化と、その親が異性である時に生ずる自らの性的身体的なものの抑圧があるとする (Oberndorf, 1935, 1936, 1939, 1950)。

④離人症は"ただの夢"であってほしい無意識的願望と、現実との接触をもつ

ための覚醒状態を保つ必要性との妥協形成であり、中心的なメカニズムとして自我の注意の限定があるとするもの (Renik, 1978)。

⑤離人症は、自我のうち内界と外界に直接関係をもっている部分と「自己意識的自我」との分裂が、「自己意識的自我」に感じ取られていることにより生じるとし、これは妄想分裂態勢から抑うつ態勢への移行期の固着とするもの (Perotti, 1960)。

こうして1)と2)を見直してみると、両者に共通しているのは、先に述べた通り、「離人症が"無意識的な何か"を抑圧したり否認したりすることで意識化を免れようとする防衛機制である」という点であるが、2)はそのことに加え、感情や身体を巻き込むような情動的領域の心的内容に対する意識化を免れつつも、それによって触れられないものがあることへの意識の存在を指摘している点が特徴的であると言える。

このことを、少し角度を変えて言い換えてみよう。精神分析の立場における離人症論の全体的特徴は、離人症という防衛機制が、その時の自己にとっては守りとなる自己調整機能である点を指摘するものと言える。この捉え方には、離人症という防衛機制のいとなみ自体が、"無意識的な何か"に無意識的に気づいている」というアイディアと、その「"無意識的な何か"を意識化していくことで自己が変化する、すなわちリアリティが変化する」というアイディアが含まれていると考えられる。こうした視点から見ると、上記の2) 自我の自己観察機能の要因をより重視した説は、離人症が「"無意識的な何か"のもつリアリティに無意識が気づいており、そのことに自我が"気づき"はじめているあり方」であることを指摘するものと言える。

このような精神分析の立場における考え方は、2.で述べた1) ウェルニッケ学派に代表される離人症論の多くが、離人症を"リアリティを感得する何らかの力の欠如態"として捉えていたのとは相当に異なると言えよう。またそこで問題とされているリアリティの性質は、概して、日常的で一般的なリアリティである。つまり、ウェルニッケ学派においては、「世間一般的なリアリティ」の体験というものを基準とする、あくまで日常の地平におけるパースペクティヴのもとで、

表1-5　精神分析における離人症論と19〜20世紀初頭の離人症論の比較

精神分析の観点
　　それまでの体験のリアリティを超えたリアリティ（外傷体験や心的現実）が生じうる
　　① 外傷体験／未曾有の心的現実が意識されない
　　② 防衛機制
　　③ ①が意識されることで、新たなリアリティが生まれる
ウェルニッケ学派
　　一般的なリアリティ体験を基準
　　① 通常のリアリティを感じる機能の異常（欠如・減弱）
クリサベール
　　① 感覚知覚器官の異常
　　② 高次機能による①の感知＝現在の感覚知覚のリアリティを疑うはたらき
　　⇒ より一層のリアリティを求めるはたらき
ジャネ
　　① 実在機能の障害
　　② ①の自覚＝現在の体験把握のリアリティを批判するはたらき
　　⇒ より一層のリアリティを求めるはたらき
フェダーン
　　① 内部的自我境界の自我備給の減弱（生理学的作用）

　リアリティを感じる機能の障害が、離人症を生む、という捉え方である。これに対し、精神分析の立場においては、世間一般的なリアリティの次元では捉えられない、それまでの体験のリアリティでも捉えられない、「既存のリアリティを超えたリアリティ」が生じうるというパースペクティヴのもとでの見方である。そのようなパースペクティヴのもと、既存のリアリティを超えた、未知のリアリティが生じうるが、意識されない次元での心的機能によって、未知のリアリティが感知され、既存の意識生活を守る防衛機制が働くため、離人症が生じる、という捉え方である。こうした精神分析の観点は、クリサベールやジャネの論に萌芽的に見られる、離人症の背後にさらなるリアリティを求める力を認めるという点に、共通項を見出すことができよう（表1-5）。

## 4. フェダーンの「自我境界」による離人症論

　精神分析的な立場から出発しながらも、先に述べた精神分析的研究とは異なる見地として、フェダーン（Federn, 1953）の「自我境界（ego-boundary）」による離人症論がある。

彼は、自我の諸機能を保証し、さまざまな強さと広がりをもってその都度体験される「自我感」の成立を支えるエネルギーを「自我備給 (ego-cathexis)」とよぶ。このエネルギーのおおもとは、自らが対象に向かったり自らを対象にしたりする"体験"を支える力であり、自らが自ら自身の力によって行動する「中動的」な性質をもつ力であるために、自らの行動に親近感が備わるとする。そして、外界や内界は単に知覚されただけでは現実感をもったものとして体験されず、自我所属的な内界とそうでないものを区別する「自我境界」が十分に自我備給されることによって、現実感をもった外界や内界が体験されると考えられている。
　自我境界には、自我が自我所属的な内界と非所属的な外界を区別する「外部的自我境界」と、自我所属的な内界と自我によって抑圧された心的衝動であるエスとを区別する「内部的自我境界」があり、外部的自我境界の自我備給の減弱によって「疎隔」が、内部的自我境界の自我備給の減弱によって「離人感」が生じると考えている。加えて、彼は、このような離人症状のもととなる自我境界への自我備給の減弱を生理学的なものとして考えており、そこに精神力動的な視点は見られない。この点が他の精神分析的な立場とは大きく異なる点である。
　フェダーンの論は、つまるところ、自我が自我所属的なものとそうでないものを区別するはたらきを支える生理学的なエネルギーの減弱によって離人症が生じる、というものであり、案外とウェルニッケ学派の論に近いと言える (表1-5)。ただし、この論における、"内界と外界を分ける力"がリアリティに関わっているというアイディア自体は興味深く、一見、後に述べる木村敏の存在構造論と共通点をもっているようにも見える。しかし、フェダーンの論は、外界と内界が最初から歴然と分かれた別々のものとして存在しているという前提のもとに、内界とそうでないものを当然区別すべき「境界」というものを考えており、リアリティや離人症を静的 (static) に捉えてしまっている。一方、木村においては、自と他はもともと未分のもので、それをその都度の現在において区別して捉えていくところに自分や他者が成立していくのであり、しかもそれは単に一個の人間の内的な力のみに由来するものではなく、環界との関わりの間に成立してくる間主体的で動的な事態として捉えられている点が大きく異なると言える。

## 5. 離人症に関する調査研究
### 1) 初期の研究

　初期の研究は、さまざまな精神疾患における離人症の症例報告にはじまり、健常範囲における離人感や、薬の影響による離人感の存在について、数々の調査や実験がおこなわれている。こうした諸研究は、離人症ないし離人感が、"あらゆる" と言っても過言ではないほど、さまざまな状態において生じることを示している。

　このことから、離人症は診断的な意味をもつ症状ではないという見解をもつ研究者も多くいる一方で、中でもどういった疾患や症状と本質的に共通しているかという観点から、主に "うつ病性" か "分裂病性 (統合失調症性)" か、あるいは "強迫" と近縁性があるかといった議論も多くなされてきた。

　こうした議論に関し、実証的に検討する調査研究として、例えば、うつ病や強迫パーソナリティがそれぞれ単独で認められる場合よりも、強迫パーソナリティと抑うつ状態が結びついた場合に離人症との関係が見られるとする研究 (Sedman & Reed, 1963)、分裂病者 (統合失調症者) においても、離人感は、強迫パーソナリティと抑うつの結合と関係するとする研究 (Sedman & Kenna, 1963)、離人症は若い人に多く、特に不安が高い人、内的過程にとらわれがちな人、循環気質 (cyclothymia) やうつの傾向がある人に多いとする研究 (Brauer et al., 1970) などがある。これらの研究は実際の患者を対象におこなわれているが、この種の研究の群間比較や相関研究は群分けや条件の統制が難しく、それをなるべくクリアしていくためには、何よりも条件そのものを決定づける、疾患や症状の概念定義や診断基準が明確でなくてはならないはずである。しかし、これらの研究は、それぞれの研究者が離人症に含めている範囲や、分裂病 (統合失調症) やうつ病、抑うつ傾向や強迫などの診断基準が、不明瞭であったり偏りがあったりするため (例えば "感情が死んでいるという感じ" は無条件にうつ傾向として捉えられるなど)、同じ疾患名を用いていても、指し示す内容が研究ごとに異なっている可能性があり、これらの研究結果を正当に評価することは論文に書かれていることのみからは困難である。

　このような、離人症の概念が研究者によってまちまちであり、そのため、離人症という名のもとに、さまざまな質の体験が一括されてしまっているという問題

に関して、木村敏は、従来の症候論的な疾病分類では捉えることが困難な症例が多く存在し、部分的表面的な臨床症状や状態像のみからでは、病像を動かしている基本構造を判断することができないことを指摘し、従来の神経症から精神病に至る状態像水準の区別を超えた、成因論的共通性を有する基本構造を捉える視点から、質的な区別がなされることが必要であるという立場をとっている。この立場のもとに論考が進められ、提唱されたのが「存在構造論」である。この論については、第2章でとりあげ、詳しく検討する。ここでは、その輪郭のみ簡単に提示しておきたい。

存在構造論は、統合失調症(精神分裂病)・うつ病・てんかんのそれぞれの時間論について、膨大かつ幅広い文献と症例を丹念に検討することからつむぎ出された、健常範囲をも含む"統合失調症性(分裂病性)"・"うつ病性"・"てんかん性"の本質的な存在構造を説くものであり、これらは、"自己"や"世界"の成立にまつわる不断の"はたらき"そのものに内包されているとするものである。彼は、その"はたらき"をノエシスと呼び概念化しているが、その理論的背景の一つに、ヴァイツゼッカー(Weizsäcker, 1973)の「主体(Subjekt)」の概念をあげている。これは、主体は確実な所有物ではなく、絶えず環境との出会いの中で常に獲得し続けねばならないものである、という主張を含む概念であり、木村(1988a)は、これを、間主体的な関係にこそ用いられるべき概念であると主張している。

このように、存在構造論は、心的次元における自己と世界の成立の根拠とその質的差異を捉えようとする論であるという点で、離人症の問題に深く関わる論と言える。加えて、この論の根底にある間主体的な視点は、心理療法における離人症を考える上で非常に有益であろうと思われる。

## 2) 離人症と危機、精神症状、脳機能等との関係についての研究

離人症に関する調査研究は、70年代後半あたりからは、急激な心身の危機的状態に瀕した際の離人症についての論文が増え、80年代以降、現在にいたるまで、特に欧米では、生命の危機や外傷、パニック障害との関連で離人症が扱われることが主流となってきており、殊に近年は、ネグレクトを含む虐待との関連でも注目されている。また、古くて新しいテーマとしての不安との関係、脳機能と

の関係についての研究も進められている。

### a) 急性精神病状態・危機状態と離人感

例えば、フリーマンとメルジェス (Freeman & Melges, 1977) は、急性精神病状態における離人症と時間的不統合の結びつきを指摘している。また、ノイズ=ジュニアとクレッティ (Noyes Jr. & Kletti, 1977) は、その研究において、文字通りの生命危機において離人体験が生じることを示しており、その際に"高い覚醒状態"と、それに相反して、潜在的には錯綜しているのであろう"感情の希薄"とが同時に見られることを指摘している。

前者の研究は精神面での急激な危機、後者は物理的次元での死に瀕する心身の急激な危機と言える。これらに関し、前者は器質的変化が生じているであろうこと、後者は自律神経系の亢進が生じ、より素早く適切な行動をとるための脳の回路が働くであろうこと等、生物学的な要因が大きく作用していることが推測されうる。しかし、生物学的要因から自我意識体験への影響面ばかりではなく、自我が未曾有の体験をすることが、自我に、生き物として、自らの体験を何とか把握し御すべく働こうとする方向に向かわせるような面があると考えられる。

あえて、一歩踏み込んで言えば、一般に言う"感情"は、喜怒哀楽のような、一般社会における言語的意味付与の準備性を備えたカテゴリカルなものがイメージされがちであるが、実際にその都度の現在において感じている"感情"は必ずしも喜怒哀楽のいずれかのカテゴリに収まるものばかりではない。むしろ、"筆舌に尽くしがたい"、言語的には捉えにくい感情であることが多いのではないだろうか。心身の危機に瀕して生じた離人症にあっては、"感情"が体験されないというよりも、離人症の中で体験されている"感情"がいわゆる日常的な意味を超えた未曾有のものであるからこそ、その未曾有を生き抜くために、心身が際している状況を何とか捉えようとする高覚醒が生じていることを示唆するものとは言えないだろうか。

### b) パニック発作と離人感

これらに関連して、カッサーノら (Cassano et al., 1989) は、パニック発作中に、離人感を体験した群と体験しなかった群を比較して、両者は異質であることを指摘し、前者は、眩暈感や、気が狂うこと・コントロールを失うこと・死ぬことにま

つわる恐怖を感じる頻度が高く、それゆえ、回避行動が多く、実際に発作が比較的少ないという特徴を抽出している。先述の場合は、実際に器質的病変や外的危機に瀕するものであるのに対し、パニック発作の場合は、身体的には異常が見られないにもかかわらず、身体的な死に瀕するかのような発作が体験されるものである、という違いはある。しかし、離人感を伴う場合に、自らを揺るがすものを"死の恐怖"といった心的イメージとして捉えることができ、"回避"行動が多いということは、それ自体が神経症的なあり方ではあるものの、離人感が"未曾有の事態を捉え、生き延びようとする"動きと関連しているという点そのものは、先述の例との共通点として指摘できるのではないだろうか。

つまり、これらに共通するのは、外的な危機的状況の存在の有無の如何にかかわらず、その人の心にとって絶体絶命的で、自己の根本的危機として体験されるような、それほどまでに把握しきれない大きく圧倒的なことや不安なことに対峙する際に生じうるという点である。その点が、精神分析的な観点に共通することでもあると言える。

c) 外傷体験と離人感

これに関し、シメオンら (Simeon et al., 1997) は、離人症者は深刻な苦痛が特徴的で、実際の外傷体験がそれほどでもなくても、子ども時代の外傷体験を報告する傾向があるとしており、この指摘自体は、先のカッサーノらの論の延長線上にあるものの、心的現実の意味がより軽視されている印象がある。この筆頭研究者を含むグループによる、以降の論文では、これを、認知過程の問題として考え、視覚的・言語的な短期記憶や、時間的空間的推論などの、注意の焦点をコントロールする能力の変容に由来するものとして離人症を捉えている (Guralnik et al., 2000)。

しかし、ある種の認知能力が発揮されていない状態に見えたとしても、それをそのまま、認知能力の欠陥として捉え、離人症の状態を"体験や認知のなされていない"状態と一義的に結論づけてしまうのは、序章でも述べた通り、リアリティの意味を一般的客観的な現実感においてしまっていることから起こってくる早計な見方と言わざるを得ない。先のフリーマン、ノイズ=ジュニアやカッサーノらの研究に示唆されているように、離人症の体験が日常の認知を超えたところにあるものであるからこそ、日常的な認知能力では対応しきれなかったり、日常

的な認知能力とは違った把握能力を働かせようとしている状態であったりする可能性もあるかもしれないわけである。認知能力が欠落・変容していると見える事態の背後にどんないとなみがあるのか、離人症の体験はどんな質のものなのかといった面にアプローチする視点が必要である。

### d) 不安と離人感

離人症と不安の関係については、シエーラら (Sierra et al., 2012) が述べている通り、長きにわたって指摘され続けている。シエーラらは、291名の離人症患者を対象に、離人感尺度 (Cambridge Depersonalization Scale; CDS, Sierra & Berrios, 2000) とベックの不安尺度 (Beck et al., 1988) と状態不安・特性不安尺度 (Spielberger et al., 1977, 1983) を用いた検討により、離人感高群は低群に比べて不安感の高さが認められたが、それぞれの群に不安がかなり高い者と低い者とが混在しており、より詳細な検討が必要としている (Sierra et al., 2012)。

ハンター (Hunter, E. C. M.) らも、離人症を不安障害との関連で捉え、認知行動療法の立場から、離人症に関する文献レビュー (Hunter et al., 2004, 2017) や調査研究 (Hunter & Andrews, 2002; Baker et al., 2003; Hunter et al., 2003, 2005, 2014; Lee et al., 2012) 等、長年にわたる一連の研究をおこなっている。

ハンターら (Hunter et al., 2003) は、離人症者は不安のため、離人感を感じると、それを、狂気への徴候やコントロールを失う徴候といったように、誤って受け取ってしまう傾向があるため、ますます不安が増すことで、離人症状を悪化させ持続させてしまう、としている。また、そのために、恐れを感じるような状況等に対して、回避 (avoidances) したり、安全 (を求める) 行動 (safety behaviours) をとったり、徴候が起きていないかモニタリングをしてしまうといった偏った認知をしてしまう (cognitive biases) といった対処をしがちであり、そのことがますます、離人感の兆しに対して誤った解釈をしては離人感を強める、といった悪循環を促進・維持しかねない、としている。ハンターらは、こうした離人症理解のモデルから導かれる対応への示唆として、①心理教育とノーマライジング (psycho-education and normalising)、②日々の記録をとる (diary keeping)、③回避行動を減らす (reducing avoidance)、④自己注目を減らす (reducing self-focused attention)、⑤ (ついついしてしまう) 破局的推論に立ち向かう (challenging catastrophic assumptions) 等をあげている。つまり、

離人感を感じたら、それだけで、認知が不安に彩られて破局的な推論に陥ってしまい、状況をよく把握しないまま、不安を軽減できるような認知行動ばかりを発展させてしまうので、まずは自分の内外に起きていることをよく把握しよう、そして、それまでの対処行動をとらなくても大丈夫か試してみよう、知らず知らず自動的に陥ってしまう破局的なモノの捉えを検証しよう、という示唆である。

　このハンターらの離人症への理解と対応の考え方においてポイントとなっているところは、実は、力動的心理療法の範疇にある考え方、例えば、防衛機制の考え方と近いものがあり、共通するところが少なくないと言える。大きく異なるのは、"誤った認知"という点の"誤り"の捉え方と視野であろう。ハンターらの述べる認知行動療法における理解は、"世間一般的"な、コモンセンスの次元に視野をおいており、その次元における"誤り"として、離人感に対する態度を捉えている。そして、ハンターらのモデルにおいては、起点が"離人感を感じる"ところに置かれ、離人感を感じた"後"の、それに対する認知の偏りとそれに基づく対処行動をターゲットにした対応策が講じられている。それによって、離人感を感じた"後"の認知や行動は見直されるだろう。しかし、そもそもの離人感を感じてしまうこと自体はどうなるのだろうか。そもそも離人感を感じるということの背景を、ハンターらは、疲れや物質中毒から心的外傷まで広く捉えているものの、それらによってどうして離人感が生じてくるかという点についてはブラックボックスのままである。

　これに対しては、力動的心理療法の立場においても、コモンセンスの次元で見た場合には、個人的不安に基づく認知は"誤り"と見なされるという点自体を否定しているわけではなく、その次元での対処で収まる段階があることを否定しているわけでもない。しかし、そのような"誤り"に見えるような認知行動を導いている、不安と不安への対処のあり方の中に、自己が自己である所以としての、自己の生にまつわるテーマ性が含まれていて、そのテーマを心的次元で探究し、自己の生きる心的基盤をつかみなおしていく作業が必要な段階があるという視座に立っているという点で異なると考えられる。こうした、本人の生きる心的世界と心的意味を捉える視座は、序章で示した国際的な疾病・障害観に照らしても、ますます必要な視座であると考えられる。器質的次元における知見や他の立場に

よる知見等とのさらに丁寧なすり合わせによって、より立体的な理解と対応のモデルが求められよう。

　なお、ハンターらは、この2003年のモデルを文献研究をもとに導いたわけだが、このモデルの実証的研究を行ったのは2014年である。具体的には、離人感を何に帰属させて捉えるか (attributions)、どのように評価し (appraisals)、行動としての反応 (behavioural responses) や情動反応 (emotional responses) はどうであるかという諸点の関係を、臨床上の離人症群、不安障害群と健常群の3群にかける比較を通じて検証している (Hunter et al., 2014)。

　その結果、まず、離人症群と不安障害群は、健常群に比べて、情緒面や精神的健康上の問題によるものと捉える "心理学的な帰属 (psychological attributions)" をおこなう傾向が有意に高く、破局的評価については、離人症群と不安障害群が健常群に比べて、"精神的不調 (mental illness)" や "脳機能の問題 (brain dysfunction)" と評価する頻度や確信度が有意に高く、不安障害群は、離人症群や健常群と比べて、"身体的不調 (physical illness)" と評価する頻度や確信度が有意に高いという諸点が確認されている。

　彼女らは、これらを踏まえ、離人症に関する帰属や評価の過程を操作する前後における離人感の変化を調べている。具体的な操作としては次の4つの課題を用いている。①点注視課題 (Dot Staring Task)：白い壁に描かれた直径5センチの黒い点を約2メートル離れたところから3分間見つめる課題 (方法は離人症誘導に関する研究、Leonard et al., 1999; Miller et al., 1994に倣ったもの) によって、離人感を強める操作をおこなう。②対連合課題 (Paired Associates Task)：2語対のリストを1分間ゆっくりと読み、対ごとにその意味を考える課題によって、離人症の破局的評価を強める操作をおこなう。さらに、離人感や破局的評価から注意を逸らすための課題として、次の2つの課題をおこなう。③暗算課題 (Mental Arithmetic Task)：500から7ずつ引いていく暗算をできるだけ早く1分間おこなう。④両耳分離聴取課題 (Dichotic Listening Task)：ヘッドフォンを通して、10語による1文の音声と、10語の単語 (例えば、乗り物の種類を示す単語) が呈示される。その際、1文については、1語ずつ左右交互に呈示され、同時にもう片方から単語が呈示される。その状況下で、1文を聴き取りながら、大きな声で音声に従って復唱 (シャドーイング) する課題をおこ

なう。

　その結果、離人症群において、対連合課題後に離人感得点が高まり、暗算課題と両耳分離聴取課題の両方において、課題後に離人感得点が低下したとして、このことによって、2003年のモデルが検証されたと結論づけられている。しかし、2003年のモデルでは、離人感や不安に対する回避的な対処は悪循環につながると述べている。2014年の実験結果は、離人感に対する回避的対処による一時的な離人感の低減という、症状形成の一部を検証したことにならないだろうか。むしろ、そのように回避できたことをめぐって、症状のみにフォーカスしたモニタリングばかりでなく、その前後の外的状況や内的状況についての視野を広げてのモニタリングをおこなうことで気づきを得るといった、認知行動療法としての作業が検証されていくことのほうが重要なのではないのだろうか。

　ただし、データそのものは貴重な情報を含んでいる。ハンターら自身が指摘しているように、2003年モデルにおいては離人症を不安障害の範疇に位置づけていたが、2014年の実験結果では、離人症に関する帰属や評価の過程を操作することで、離人症群と不安障害群が正反対の結果を得ている点は興味深い。③や④のような、いわば、生活においてそれ自体であまり意味をなさないような作業を一定時間おこなうことで、健常群も不安障害群も、離人感が若干増しているほどなのに、離人症群だけがその操作の後で離人感が低減している、という課題への反応性の違いの背後には、心的体験とその過程の違いがあることが示唆されよう。

e）離人感と脳機能

　さらに近年においては、離人感と脳機能の関係について、脳イメージングによる研究が徐々に重ねられつつある。この分野については、シエーラとディヴィッド（Sierra & David, 2011）による丹念なレビューがなされているので、詳細についてはそちらに譲り、ここではその要点に絞って述べておきたい。

　諸家における脳イメージングによる研究を総合して端的に言うと、離人感を特徴づけているのは、情緒に関する脳領域——扁桃体（amygdala）や島皮質前部（anterior insula）——における活動の低さと、情緒を昂ぶらせるような諸刺激に対する自律的な反応のやせ細りにあることが示唆されている（Sierra & David, 2011）。

　例えば、離人症における情緒的な無感覚（emotional numbling）に関しては、健常

群と強迫症群では、不快な画像に対する反応として、島皮質前部の活性化が見られるのに対し、離人症群にはそれが見られないという結果が得られている。島皮質前部は、自律的に生じた身体状態が、情緒的体験として意識されることを許すような、神経生物学上の基盤 (neurobiological underpinnings) における重要な役割を担っていると考えられている (Craig, 2009)。また、離人症者には、右側腹外側前頭前野 (right ventrolateral prefrontal cortex) の活性化が見られたとする研究がある。この領域は島皮質との対で機能すると考えられているが、不快な諸刺激の提示の間、島皮質の活性化が見られない時のみに、その活性化が生じたとする知見 (Beer et al., 2006) 等がある。その他、離人症者に特有と見なしうる、情緒的体験とその表現や、情緒的調節等に関する、健常群とは異なる脳の活動のあり方についての知見も示されている。

　また、こうした情緒的無感覚に関連すると考えられる、体験の具体性や主体的なはたらきを感じること (embodiment and agency feelings) に関する研究としては、神経生物学上の基盤に関する諸研究において、島皮質後部の活性化と運動の自己帰属の程度が関連している一方で、下頭頂小葉 (inferior parietal lobule) における角回 (angular gyrus) が逆パタンを示し、主体的はたらきの感覚が低いほど、下頭頂小葉右側における活性化が増大する (Farrer & Frith, 2002; Farrer et al., 2003, 2008) 等の知見が示されている。

　こうした、さまざまな次元での感覚の統合と、心的体験のリアリティ、およびその言語化等に関する、器質的基盤に関する知見は、たいへん興味深い。現在のところは、感覚入力に"実感"を与え、自己の体験としてつかみとったり、それを言語化したりすることが、すんなりとは統合的に働かないような、神経生物学上の基盤のあり方を示唆する知見が並んでいるようである。しかも、さまざまな感覚を統合し、実感したり、体験を言語化したりすることに関わる脳部位が、単に一様に低活性であるというわけでもなく、部位によっては逆に高活性である場合もある点も興味深い。しかし、それだけであれば、神経生物学的な基盤によって、そのような体験様式が生まれるというだけならば、それがその個人のベーシックな体験様式であるというだけである。そこに、自己の自己性や主体性、世界の中に住まい存在する実感といったものを"希求"する"苦しみ"が生じるのはなぜだ

ろう。そして、離人感自体は、発達的に青年期に一過性に見られたり、心因反応として生じたりもする、という局面的変化が生じるのはなぜだろう。こうした点に関する知見は今のところ見られないようだが、今後の研究に期待したい。

　一方、シエーラらを含む研究者たちはまた、離人症状の内容がマインドフルネス (mindfulness) と正反対と見なしうると考え、22名の離人症患者を対象に、マインドフルネス尺度と離人症尺度を実施し、両尺度得点の間に強い負の相関 (r=-.64, p<.001) が認められる等の結果から、離人症者にはマインドフルネスの能力が不足している可能性が示唆されるとしている (Nestler et al., 2015)。しかし、意識上の自己評定の結果のみでは、こうした結論を下すのは早計であろう。また、離人感をもつ状態がすなわちマインドフルネス状態に反する、マインドフルネスが不足している状態、として捉える次元はありうると考えられるが、それはマインドフルネスを基準にした場合の捉えであるということの認識も必要ではないだろうか。離人感をもつ状態の背後に、はっきりした認識や言語化に至っていないような潜在的な過程が存在する可能性も必ずしも否定できないのではないだろうか。

　こうした視座も、神経生物学上の器質的基盤と心理学的過程との関係に関する研究には必要ではないかと考えられる。加えて、心理アセスメントや心理療法等の心理学的アプローチにおいて把握されうる心的プロセス (処理) を、神経生物学上の器質的基盤に関する知見とすり合わせて理解する試みもまた重要であると考えられる。

## 6. 離人症に関する現象学的・存在論的学説

　離人症と離人感の本質を捉えるためには、世間一般的な次元での健康観や心的体験のリアリティの理解のみを基準とした理解では不足しており、個人その人の"自己性"とその重みをめぐる心的過程を捉えうる視座が不可欠であることについて指摘してきた。この点に関し、離人症の本質に立ち返るために、離人症の現象について、よりつぶさに丁寧に検討することから出発しようとする立場として、現象学・存在論的な立場があげられよう。

## 1）シルダーによる離人症論

　現象学に影響を受けた初期の研究者であるシルダー (Schilder, 1914) は、離人症を、強迫的な自己観察傾向によるものと考えた。彼は、主体的な中心自我 (das zentrale Ich) と客体的な自己 (Selbst) を区別し、中心自我の志向と自己の体験が即している時は体験が「真正」であるが、中心自我の志向と自己の体験が矛盾している時は体験が表層的な「非真正」なものとなると考え、離人体験は後者であるとする。例えば、頭が他のことでいっぱいの時に人の話を聴こうとしても身が入らず、会話が現実を離れた空々しい体験となるといったように、中心自我の志向作用が妨げられて志向対象に入っていけないため、非真正な体験内容が生み出され、その結果ますます自己観察傾向が強まる、といった事態である。

　彼の論では、内界と外界の二元論はまだ根強く残っており、彼の例は、中心自我が内界の"考え事"でいっぱいで外界の"人の話（を聴くこと）"に向かえないというようにも見えるが、問題は内界か外界かということではなく、根本的には中心自我が志向しようとしているものへと入っていけないということを問題にしようとしているのであろうと思われる。彼の例では、内容としては"考え事"を捨てきれず、状況としては"人の話"を捨てきれないというように"考え事"にも"人の話"にも入っていけない。その時の中心自我にとっての両者の重要性の度合いや質をよりよく感じ取り、整理し、その時点でより重要なことを選び取っていくということがなければ、"考え事"にも"人の話"にも入っていけないわけである。このあたりは、後に述べる、木村の存在構造論に通じるものと思われる。加えて、この例は、離人症の体験の背後には、簡単に意識の上で選べないほど、思いのほか重要な何かが、取り組まねばならないものとして存在している、ということを示唆するものでもあり、興味深い。

## 2）ゲープザッテルとテレンバッハによる離人症論

　さらに、ゲープザッテル (Gebsattel, 1937) やテレンバッハ (Tellenbach, 1956) は、現象学的・存在論的人間学の立場から離人症の本質を捉えようとした。彼らは、離人症者が問題としているのは、客観的な対象世界ではなく、実存的な「私の世界」であり「生きられる空間」であるとする。それは、受動的な意味での知覚・感覚・

認識に先行する、「『私』がそれに向かって実存することによってのみ意味と充実と現実性を保っているような」「根源的対世界関係」(木村, 1976a)であり、「世界に親しく住みつくこと」(Heidegger, 1953)である。つまり、離人症においては、現象学そのものが相手にしようとしている、主客未分の、自己と世界が同時的かつ同事的に成り立つおおもとが問題とされているというわけである。両者は、離人症の本質を、このような根本的な対世界関係、すなわち、実存に向けての〈自己－世界〉自身に対する関係の障害としての、「生成の抑止(内的時間の停止)」(Gebsattel, 1937)、や生きられる世界との交わりの中で見出される親近感とでもいうべき「近さ」の喪失(Tellenbach, 1956)、によって基礎づけられた実存的空虚であるとしている。

### 3) 木村敏の離人症論と本書における視点

初期の木村敏の離人症論(木村, 1963,1976)は、彼ら2人の論を踏まえたうえで、〈自己＝世界〉の成立について、"自己があることによって世界がある"とか"自己の内界が外界に投影されて世界が成り立つ"というよりはむしろ、「世界が世界として成立しているということにおいて、その「こと」から照らされるような仕方で自己が自己として成立する」(木村, 1976a)と述べており、いわば"自己の成立以前と自己の成立"の刹那とでもいうべきものによりデリケートであろうとする説と言える。そして、こうした「こと」(木村, 1976a)の成立は、「共通感覚」すなわち、あらゆる感覚において、例えば、視覚以外にも諸感覚に共通して"青い"感じをもつというような感覚を根拠にしていると考えている。つまり、客観的視覚としての"青"を超えつつも"青"に共通する何らかの「感触」を"青"に感じる力があるからこそ、世界に何かを感じ取るあり方によって、世界に照らし返されるかたちで世界と自分が共感的に成り立つというわけである。離人症は、この「共通感覚」の障害として論じられている。

現象学的・存在論的人間学の立場によるこれらの論は、離人症が問題にしようとしていることを、離人症者の言葉から丹念に読みとり、離人症の世界の本質把握と、"その人にとって自己や世界が成立する"という意味での"リアリティ"の根源の本質把握にとって重要な貢献を果たしていると考えられる。しかし、離人症そのものについては、"リアリティの喪失"として捉える状態記述的な図式に

一足飛びに陥ってしまっている。"では、離人症は、なぜ、どのような仕方で生じてくるのか、その人にとってどういう意味があるのか"といった点については残念ながらほとんど触れられていない。

この点について、木村はこの後、自己と世界の成立に関して、より丹念な論考を重ね、先に述べた「存在構造論」をかたちづくる一連の論文を著している。これは木村の離人症論の背景にもともとあった視点を明確にしたものと言えるが、存在構造論では、その人にとっての自分や世界が、「共通感覚」のはたらきの単なる善し悪しによって「成立するかしないか」といった次元を超えて、その自己と世界の成立の「あり方」にせまるものとなっている。

木村(1978a)は、この存在構造論に立脚する形で、長年にわたるさまざまな立場からの離人症論と膨大な離人症関連の文献を踏まえるとともに、自らの離人症論をアップデートし、離人症の成立機序を、「離人症はその好発期である青年期に特徴的なイントラ・フェストゥム構造の急激な突出とアンテ・フェストゥム構造の尖鋭化に基づき、ノエシス面の働きが自己意識として立ち現れ、自己が応急的にメタノエシス的機能を停止しノエシス的自己を消去した事態が生じる」としている。ただしそのプロセスについては特に説明が見られない。

しかし、ここでも、離人症＝リアリティ（を自分のものにする力）の喪失という図式から離れられず、よくよく読むと、存在構造論と図式がやや荒っぽく結びつけられてしまい、存在構造論の内包する視点から本来導かれるはずの離人症論からはズレてしまっているように思われる。木村の存在構造論の視点から木村の離人症論をあらためて再検討することで、離人症を、単なる何らかの能力の欠如ないし減弱として捉えるばかりでなく、離人症という症状の背後で起こっていることの中身にアプローチできる可能性があると考えられる。

また、木村の離人症論と存在構造論では、既に述べたように、自と他や内界と外界は本来的に区別されて存在しているのではなく、その都度の現在においてつかみとっていくことで成立すること、そのいとなみは単に個人の心的機能の一部に還元されるものではなく環界や自らとの関わりの間で「共感的に自己と世界が成立する」という事態であることが強調されている。このことは、環界や自らとの関わりの間でのあらゆる"ものの捉え方"の中に、その人の自己や世界の成立

のあり方をよみとることが可能であることを示している。つまり、その人が語ることが何に言及するものであっても、その"語り"そのものの中に、その人の自分や世界のあり方を見ることができることを示唆する論であり、この意味で、木村の離人症論と存在構造論は、主体の生きる次元における〈自己－世界〉の成立とそのリアリティを捉える上で非常に重要な視点を含んでいると考えられる。

　こうした意味から、木村敏の存在構造論と離人症論をとりあげ、それぞれ第2章と第4章で理論的に再検討していくことにする。

# 第2章 木村敏の存在構造論の理論的再検討

## 第1節　動的構造としての自己

### 1. "症状"の背後にある自己の構造的側面のアセスメント

　心理臨床の現場においては、精神科領域はもちろん、その他の領域においても、精神科的な問題を抱えたクライエントに出会うことが少なくない。そして、個々の患者ないしクライエントについてアセスメントしようとする際に、「精神病圏なのか、神経症圏なのか」、「統合失調症圏なのか、うつ病圏なのか」、「アスペルガー症なのか、ADHDなのか」、といったように、障害や疾患のカテゴリや病態水準を同定しようとすることが一般的には少なくないだろう。

　この点に関し、木村敏は、従来の症候論的な疾病分類のような、表面的な症状や状態像を捉える視点のみからでは、病像を動かしている基本構造を捉えられないと考え、健常から異常、神経症から精神病に至る病態水準の区別を超えた、成因論的共通性をもつ基本構造とその質的差異を捉えうる理論として、「存在構造論」を提唱している。

　こうした視座は、近年の診断基準の考え方や動向を鑑みても、ますます重要性と必要性が増している。国際的な診断基準は、学派の如何を問わず、現象として共有しうる症候論がベースに置かれているが、類似症状が複数の疾患に認められる場合や、典型的な診断カテゴリにあてはまらない例は少なくなく、"非定型"や"分類不能"といったカテゴリが多数設けられている。このように、実際の個人の抱える問題を捉えようとする時には、木村が指摘している課題が今なお横た

わっている。そのため、さまざまな精神疾患や障害を、健常をも含むスペクトラムとして包括的に見る視野と、その中での類型あるいは区分を捉えうる視点をもつ重要性が指摘されてきている。特に、精神疾患や障害や心の問題を捉える際には、これらに加えて、究極的には、個について捉えうる視座と観点が必要となる。

　実際のところ、後に詳述する通り、木村敏の「存在構造論」は、精神科領域を超えて、広く心の問題を扱いうる視座と観点を提供している。それは、クライエントの言動や症状や状態像が内包している、クライエント本人の根本的問題、すなわち、心的次元における自己存在の成立にまつわる問題の特質を捉えようとする視座と観点である。これこそは、心理臨床におけるアセスメントと心理療法に根本的に必要な観点ではなかろうか。

　なお、木村敏の「存在構造論」は、そのエッセンスを、簡潔な形で、時間論あるいは間主観論としてまとめられた著作はあるものの、存在構造論そのものを銘打った論文や著書が存在しているわけではない。表面的な症状を超えた基本構造を捉えるというテーマのもとに執筆された論文群と、その論考の積み重ねによって、長年かけて形作られていった理論である。本書においては、木村によるそれらの論考を読み解き、一つの理論体系としてあぶり出すことを試みるとともに、その存在構造論そのものを批判的に検討し、心的次元における自己−世界の成立とそのリアリティを捉える視点を、一歩進めたい。

## 2. 木村敏における自己

　木村 (1976a, 1979a, 1988a他) は、自己とは「それ自身に関わる一つの関係」であり、「動的構造」であると述べ、"ノエシスがノエシス自身をつかみ続ける動的構造"を自己と呼んでいる。

　木村の言う「自己」は、客観的に他者と区別された存在やシステムを意味しない。また、いったん獲得されれば半恒常的に保持されるという性質のものでもない。つまり、自己が自己自身を常に一瞬一瞬つかみ続けるいとなみを通して、その都度獲得され続けるものである。木村における自己について、以下に詳しく見ていこう。

### 1) ノエシスとノエマ

　木村は、自己の根源を"ノエシス"すなわち「個別化以前の根源的で無限定な自発性」(木村, 1979a) と捉えている。これは、いわば自己の"おおもと"のはたらきであり、一瞬一瞬の現在における直接的な生命活動の一環としての行為的・はたらき的・産出的な面を指す。そして、この「主客未分の根源的自発性」であるノエシスが、その都度の現在において、ノエシスが「他」と他ならぬ「自己」を区別し「差異化」してつかみ続けることによって、その都度における「自己」が成立する。つまり、木村の自己論は、一言で言うならば、「自己」が「自己」たりうる根拠は「同一性」ではなく、その都度の現在における「差異化」にある、という考えである。言い換えれば、自己の同一性感覚の根拠は刻々と自己を差異化してつかみ続けることにあると言えるだろう。

　木村はノエシスについて、これ以上の具体的な説明を特段与えてはいないが、木村の言わんとするところについて筆者なりに説明を試みてみよう。例えば、他者の話を聴いていて、特に意識して想像せずとも、状況が思い浮かんだり、情動がわきあがったりする。それは、明瞭で生き生きと体験されることもあれば、ぼんやりと雲をつかむようなこともある。そのような、生き物として生きるうえで自ずとはたらいている力、物事を捉え対応すべく自らを動かしている自発性そのものを"ノエシス"というのだと考えられる。

　そして、それによって見えたり感じられたりする状況や感情などの「像」を"ノエマ"という。つまり、ノエシスは、はたらきとしての自己の面を指し、ノエマはノエシスのはたらきによって体験されたもの・対象化されたものとしての像としての自己の面を指すと言える。言い換えれば、ノエマが生れるということは、ノエシスが何かを体験し、それを差異化してつかむことを指すのである。

### 2) メタノエシスと自他差異化

　ノエマはノエシスがノエシス自身をつかむことで生じる。したがって、「ノエシスがノエシスをつかむ」ことと「ノエマが生まれる」ことは同じことの両面である。この、「ノエシスがノエシスをつかむ」すなわち「ノエマを生む」はたらきそのものを、木村は"メタノエシス"と呼んでいる。そして、ノエシスがノエシ

スを捉えノエマを生むいとなみを"自他差異化"と呼ぶ。

ノエシスとノエマは、より簡潔には、主客未分の自発性そのものが、自らのうちに、自と他を"捉える"はたらきとその"捉え方"と言ってもいいかもしれない。この時、自を"他ではないもの"として、いわば"他"に照らし返される形で捉えるという点が重要である。木村の言う自と他とは、例えば身体によって物理的に区別されうる次元における自と他ではなく、主観的あるいは主体的な次元における自と他である。しかも、いったん切り分けられれば確立されるような自他ではなく、それらを切り分ける境界線も、自や他の輪郭や中身も、変化し続けるものである。

これを踏まえて、さらに言うならば、例えば、"ノエシスがいま捉えようとしていること（自）"と"それとは異なること（他）"としての自他も含まれると考えられる。ノエシスが捉えようとすることが、"それとは異なること"に照らし返される形で差異化され、捉えられていくわけである。この自他差異化過程そのものは、先にノエシスの説明の際に述べたように、多くの場合、特に意識されないうちにおこなわれ、自他差異化されてノエマが生まれ来るところで、心的に体験されると考えられる。この時、比較的明確に、いわば"自"が図として"他"から切り出され、心にイメージや考えや感情などが浮かび体験される場合もあれば、"自"の輪郭や中身はまだ不明瞭な中、"他"を切ろうとする面がノエマとして体験されるような場合もあると考えられる。後者は、例えば、クライエントが、何か自らの中に、まだよくわからないものを捉えようとする時に、「何かはっきりとはわからないけど、○○とは違う」というような、その時点での"他性"の否定を通して述べられるいとなみにも表れていると考えられる。

このように、ノエシスがノエシス自身の中に「生じていることは<u>こう</u>であって、<u>そう</u>ではない」というように、「自性」と「他性」をその都度見出すことで、自他差異化している。そのことは、ノエシスのはたらきを何らかの中身や輪郭をもつ体験としてつかむことと言える。このことを踏まえると、体験のリアリティの性質は自他差異化のあり方によって異なると考えられる。例えば、メタノエシス的捉えのあり方に応じて、ノエマは漠然としたり明確であったり、一面的であったり多面的であったりする。このように、自己が自己自身を捉える視点のあり方に

よって、体験のリアリティの性質に幅が生じるのだと考えられる。

### 3) メタノエシスと自己限定

　また、木村は、メタノエシスによる自他差異化によって「自己限定」がなされると述べている。つまり、ノエシスは、自らを自他差異化しノエマを生むことで、ノエシスはノエシスのはたらき自身を「自己」として限定しつかみ取る。これが自己限定であり、それによってノエシス的自己が獲得されるとしている。このことは、自己を動かしている力を自己の相でつかむという次元が生じることを意味するものと考えられ、それによって主観的あるいは主体的な体験が生じるのだと考えられる。

　また、これを踏まえて、もう一歩進めて言うならば、ノエシス面がノエマを生むとは、単なる客体像を生み出すことではなく、その時のノエシスのはたらきを明確につかみ取るということである。それによってノエマがノエシス性を獲得し、いわば、"もうひとつの主体"としてはたらきうる、ということである。例えば、小説を書いている時に、だんだん登場人物や小説の世界のほうが主体性をもちはじめて、作者が登場人物を動かすというよりは、登場人物のほうがひとりでに動き出して、それに動かされるように物語が進んでいく、というようなことである。つまり、その都度のノエシスをノエマとしてつかんでいくことで、次の方向性と推進力が生まれるわけである。このような自己限定のはたらきは、ノエシスがノエシス自身を統合的につかみなおし、方向性と推進力を生み出すはたらきであるため、メタノエシスと呼んでいる。

## 3. 木村敏の自己論とヴァイツゼッカーの主体論

　このように、木村敏の自己論においては、自己はそのままでは自己ではありえず、一瞬一瞬の現在において、主客未分の自発性としてのはたらき自身を、他と自としてつかみ直し続けることではじめて、他者と自己が成立し、同時にそこにリアリティが備わって体験される。つまり、このような、常に"自らが"、"自らを"、"自らとして"、統合的に捉え続け、自己を成立させる動的構造のことを「自己」と呼んでいるのである。

第1章でも少し触れたように、こうした木村の自己論のアイディアの背景には、ヴァイツゼッカーの「主体(Subjekt)」論(Weizsäcker,1973)がある。彼の言う「主体」とは、「自分自身の力で自分自身との関係において動作をおこなう」「自発性」であり、それは「神経支配の生理学や運動器官の機械力学から理論化できるものではなく、やはり有機体と環境との出会いとしてしか捉えられない」ものであり、「自我の概念からそれと環境との対置の根拠をなす原理を取り出して、これを主体と呼ぶ」と論じている。木村(1988a)はこれを「有機体と環境とが絶えず出会っているその接触面で、この出会いの根拠として働く原理」と要約している。
　さらに、ヴァイツゼッカーは、「主体は確実な所有物ではなく、絶えず獲得しつづけなくてはならないもの」であり、「主体が転機(Krise)において消滅の危機に瀕したときにこそ、われわれははじめて真の主体に気づく」とし、「主体の統一性は、非恒常性と『転機』とを乗り越えて不断に繰り返される回復においてはじめて構成される」と述べている。ある一つの出会いの断絶は主体にとって消滅の危機を意味する「転機(Krise)」だが、そこには新しい別の出会いが生じ、新しい主体が誕生している。転機において、主体(という原理)はそれ自身を変化させ、古い原理が捨てられ新しい原理が獲得されることによって、主体とその統一性の獲得が可能になる、というわけである。
　一見、ものものしく見えるかもしれないが、これは、例えば日々の何気ないいとなみの中に常にはたらいている原理である。ヴァイツゼッカーは例えば"直立している人の腕にかけている籠に重りを入れていくことに対して、直立した静止状態をいかに保つかという問題"を例に挙げている。重りを増していくという状況の変化によって、直立静止姿勢は次のような非連続的な変化をする。①重りが軽いうちは、腕の筋肉の攣縮が見られるだけである。②ある一定以上の重さになると、立ち位置の変動は見られないが、全身の筋肉がそれまでと異なる拘縮状態になり、全身の姿勢は明らかに変化する。③さらに重りを増し、一定の限度を超えると、ついに、それまでじっと立っていたところから、重荷にひっぱられた方向に片足を一歩踏み出す。つまり、重量を負荷することによって全身の重心が移動し、それまでの支点を外れたため、片足を踏み出さないことには倒れてしまうが、このように片足を踏み出すことによって、重量を負荷された身体の新しい重

心を支えうる新しい支点を獲得する。このように①②③にみられる非連続的な質的変化の節目は、"立位を保持する"ためのそれまでの原理では間に合わなくなった「転機(Krise)」の瞬間であり、そこで新たな体位がとられるといういとなみの背後に、主体がそれまでの主体の原理を捨てて、"立位を保持する"ための新たな主体の原理を探り獲得するという変化が生まれているわけである。このような些細な日々のいとなみの中にすら、主体は常にその都度、新たに獲得され続けているというのである。

この「主体」の概念は、もともと生理学に持ち込まれたものであるが、木村(1988a)は間主体的な関係にこそ用いられるべきとし、その意味で論じられているのが、彼の言う「自己」なのである。

## 第2節　心の不調と「心の軸足」の関係
―― 存在構造論の再検討

### 1. 3つの基本的存在構造

ここからは、上に整理してきた、木村敏の存在構造論における動的構造としての自己の概念を踏まえつつ、いよいよ「基本的存在構造」の概念を整理しつつ検討していきたい。

木村は、精神分裂病(統合失調症)、うつ病、てんかんがそれぞれ内包する基本問題に関する膨大な文献の綿密な検討を通して、それぞれの基本的存在構造を次のように抽出している。

①アンテ・フェストゥム (ante festum) 構造
　自己が現実を離れた未知の次元での自己実現を求める、分裂病(統合失調症)親和的存在様式。

②ポスト・フェストゥム (post festum) 構造
　自己が完了態的な未済の回復不能性を恐れる、単極うつ病親和的存在様式。

③イントラ・フェストゥム (intra festum) 構造
　自己が一瞬一瞬の現在における主客未分の根源的自発性と即自的な、急性転機

(Krise) 親和的存在様式。

　これらの3つの存在構造について、木村は、精神疾患や障害の有無にかかわらず、動的構造としての自己の生成のいとなみの中に既に含まれるものと考え、心的次元における自己や他者や世界の成立とその体験に向けての、不断のいとなみにおける、3つの契機として抽出しうるものとしている。それぞれについて、木村の論を踏まえつつ、以下に詳しく検討したい。

### 1）アンテ・フェストゥム構造
　ノエシスがその都度の現在において、自らを捉えるべく、他性と自性とを差異化し、自らのノエマを生み出そうとする、メタノエシス的はたらきの契機そのものが、実は「アンテ・フェストゥム」的契機であると言える。それは、より純粋な自己自身、すなわち「他ならぬ自己」を追い求める動きである。
　したがって、時間論的には、自己を「未知の次元」に置くあり方である。木村敏はこのあり方を端的に示す用語として、ラテン語の「祝祭の前」を表すante festumを用いている。つまり、心的次元において「本当の自己」がまだ実現されず、可能性として、未知の次元にある、というわけである。「未知の次元」は「未来」という時間性とも関わりが深いが、単純に同じではない。その本質は、未だ知られざる、手つかずのものを希求し、新しく生み出すことの中にオリジナルな自己を獲得しようとすることである。そのため「本当の自分」の成立に向けては、「既存性」や「他者性」が常に排除されることが要請される。
　この契機においては、自己実現が「未知の次元」にあるため、自己が実現すべき場所に、他性が入り込む可能性に、常にさらされていると言える。このことが木村が指摘する「自己の他者化」の危機と言え、そのあり方は常に「他ならぬ自己でありうるか否か」が問題となり、「自己である」ことが未成立であるために、「自己がある」という存在感覚の基盤が脅かされる事態と言える。
　この「自己でありうるか否か／自己がありうるか否か」という大問題が、自己の成立に向けての問題として尖鋭化して現れるのは、臨床的には、統合失調症においてである。発達的には、やはり統合失調症の好発期でもある、青年期と関わ

りが深い。自己の主体性の成立に困難を孕む、自閉症スペクトラムもこの存在構造と関わりが深いと考えられる。

アンテ・フェストゥム構造における自己の揺らぎは、その性質上、未知の次元への「出立」のテーマを課せられるような場面や出来事において生じやすい。例えば、進路決定（入試、就職）、一人暮らし、恋愛などである。自己の揺らぎの立て直しの努力についても、やはり、未知の次元に置きがちで、従来獲得してきたものを基盤に選ばない。例えば、失敗したと感じた時に、これまでの続きから始めようとするのではなく、あらためて最初からやり直そうとする。

### 2）ポスト・フェストゥム構造

時間論的には、自己を「現在完了態」の次元に置くあり方である。心的次元における「自己」は「既に獲得されてきたもの」「他者との関係において発揮されて認められてきたもの」として成立している。そのため、自己は「世間性・既存性」を帯びる。世間的に既存した自己から外れることが、「自己であったものが自己でなくなる」という意味で自己の危機となる。木村はこのあり方を示す用語として、ラテン語の「祝祭の後」もしくは「手遅れ（後の祭）」を表すpost festumを用いている。このあり方について、以下に詳しく検討してみよう。

先に述べたように、その都度の現在において、ノエシスは自他差異化し、ノエマを産む。自己生成においては、メタノエシス的はたらきによってノエマ的自己が生み出される際に、ノエシスのはたらきが自己の相で捉えられ、ノエシス的自己としても獲得される。

しかし、こうした"自己が自らを差異化し、自己として捉え直し、獲得される"といういとなみが可能になるには、"自己"か否かを区別するための、ある種の基準が必要となるはずである。もちろん、自己はその都度捉え直されるものであるから、固定的な基準というわけではない。一方で、自己が自己であり続けるために、獲得されたノエマ的自己に、"もともとは不連続なものである自己が、ある程度の連続性と一貫性をもったまとまりとして獲得されている"といった意味での「既在性」が備わっている必要があり、その都度刻々と新たに獲得される自己は、この既在的な自己を発展的に継続するものでなければならない。

こうした意味で、自己が、自他差異化によって、新たな未知の次元の自己を把捉していこうとするアンテ・フェストゥム的なはたらきは、こうした「既在的」なノエマ的自己の制約を受ける。この契機が「ポスト・フェストゥム」的存在契機である。

もちろん、ノエシスがノエマを産むことによって、実はその都度のノエシス自身を捉えていくことになり、ノエマはノエシス性を獲得し、その意味で本来、ノエマ的自己はノエシス的自己となるべきところである。しかしそれは、常にノエシス面がその都度の自らを適切に捉えることができてはじめて成り立つことであろう。

ここで、既在的自己の統一性が肯定的に受け入れられていればいるほど、「他ならぬ」「より純粋な」自己よりも、これまでの既在的自己を継続することが要求される。つまり、その都度変化している自己を捉えることよりも、「これまで自己だったもの」という完了態的な自己を自己とする方向性である。

したがって、問題となるのは「これまであった自己が、これ以後もありうるか否か」である。このあり方においては、アンテ・フェストゥム的な「自己でありうるか否か／自己がありうるか否か」という問題は、自明のごとく、「在る」ものとしてクリアされている。ポスト・フェストゥムにおいては、「これまで自己であったものが失われる」危機にさらされている。

また、連続性と一貫性をもってノエマ化され続ける既在的自己は「世間的自己」(木村, 1985) でもある。つまり、既在的自己は、既に人との間で発揮され獲得されている自己であるため、世間と同化し共有された自己という側面をもつ。それが手放すことのできない、常に獲得し続けなければならないものとして、自己の差異化・限定に対する制約的性格が強いほど、自己は世間に同化した自己を産み出し続けることになる。自己化した世間によって自己実現が制約を受け、そこから外れることは自己の存続の危機となるのであり、ここに、アンテ・フェストゥム構造の尖鋭化による「自己の他者化」とは異なる意味での自己の他有化が認められる。すなわち、「他者の自己化」である。

この問題が、自己の成立に向けての問題として尖鋭化して現れるのは、特に、臨床的にはうつ病においてであり、発達的には、中年期と関わりが深いとされる。

ポスト・フェストゥム構造における自己の揺らぎは、その性質上、「これまで生きて来た基本路線から外れる」可能性を孕む場面や出来事において生じやすい。例えば、昇進、子の自立、家族成員の変化、引っ越し、などである。自己の揺らぎの立て直しの努力についても、やはり、現在完了態の次元に置きがちで、従来獲得してきたものを基盤に、これまでのあり方を変えずに対応しようと試みる傾向が特徴的である。

### 3）イントラ・フェストゥム構造

イントラ・フェストゥム構造は、アンテ・フェストゥム的契機とポスト・フェストゥム的契機をそもそも可能になるような、根源的構造である。つまり、一瞬一瞬の現在における自己を生み出す、おおもとのはたらきである根源的自発性、すなわちノエシスそのものと即自的なあり方である。木村はこのあり方を示す用語として、ラテン語の「祝祭の最中」を表す intra festum を用いている。

それゆえ、自己がそれまでの自己の原理を捨て、新たな自己を成立させる新しい原理を獲得すべき「転機（Krise）」に親和的な構造である。そこでの自己は常に「その都度の刹那」（木村, 1980）としての現在にある。ここでいう現在とは、未来や過去と同列に並置されうる抽象的概念として考えられた現在ではなく、客観的幾何学的な暦時間上での過去から未来への通過点としての現在でもない。つまり、未来や過去といった時間をそもそも可能にするような、未来と過去を自らの中から生み出す源泉点たる「原時間」（木村, 1982a）としての現在、「瞬間における時間の断絶」としての「永遠の一瞬」たる「無限」の現在（木村, 1980）である。よって、このような現在にある自己とは、差異の動的構造としての自己の成立において、自己と非自己、あるいは、いままでといまからに引き裂かれる以前の、いわば「自己という（ノエマ的限定を与える）ことができない」「原自己」（木村, 1982a）である。

木村は、アンテ・フェストゥム構造とポスト・フェストゥム構造は、一般の日常性を構成している、相互排除的な2つの意味方向をもつ構造であり、両者間の均衡を破った極端な形で突出した非日常の狂気に立ち至った病態が、前者の尖鋭化の窮減にある分裂病（統合失調症）と、後者の尖鋭化の窮減にあるうつ病であり、これら2つの病態は「ともに日常性の外部境界を異なった2つの方向に逸脱した

ところで成立する非日常性」(木村, 1982a) である、とするのに対し、イントラ・フェストゥム構造の尖鋭化における非日常性は「日常性全体の基底面にかかわる『底抜け』の事態であって、一つの純粋形態に収斂しうるような単一の方向をもたない」(木村, 1982a) ものとし、病像の「非定型性に関わる」(木村, 1980, 1983c他)としている。具体的には、臨床的には、てんかんと関わりが深く、また特定の疾患というよりも、急性転換(危機)と親和的な存在構造と考えられ、例えば、統合失調症やうつ病その他に見られる「妄想・幻覚性」の面や「躁」などとの関連が考えられている。

## 2. 自己生成のいとなみにおける3つの契機と「心の軸足」

このように、木村敏の存在構造論における3つの基本的存在構造は、統合失調症・うつ病・てんかんのそれぞれに特徴的な存在構造であることに留まらず、動的構造としての自己の生成、すなわち、自己と他者および世界の成立における3つの基本的契機とも対応している。木村は諸契機の不均衡が「性格特性」や「体験様式」として、あるいは自己の成立にまつわる「問題」として前景に現れ、特に自己の立て直しの努力においては、いずれか一方への偏向が支配的となって、問題が一層尖鋭化した形となって、精神病的事態として顕現することになるとしている。

このことに関して少々整理してみよう。まず、一瞬一瞬のノエシスの根源的自発性としてのイントラ・フェストゥム的契機、ノエシスが自らを捉えるべく他性を排除しノエマ面を生み出そうとするアンテ・フェストゥム的契機、ノエシスが自らを捉える際にこれまで捉えてきたノエマ面が基準となるため制約を受けるというポスト・フェストゥム的契機、という3つの契機によって、自己はある程度の連続性や一貫性をもちつつ発展的に変化していくことが可能になる。

これらの3つの契機のうち、「一瞬一瞬、自分を動かしている力(根源的自発性)」に自己を見るか、「未知の次元」に自己を見るか、「これまで生きてつかんできた自己」こそが自己と見るか、といったように、これらのいずれにどのように「自己性」の「軸足」を置くかで、基本的存在構造が異なってくる。つまり、「自己」を支えている「心の軸足」は、「自己を自己たらしめるもの」として自己が選び

取っているものであり、自己の存在構造の性質は、その軸足の性質によって決まってくると言える。

　そして、この「自己であることを支えている軸足」が揺らぐことが、「自己の揺らぎ」すなわち「自己の危機」であると考えることができる。加えて、心の軸足の性質の違いによって、それが揺らぐことによって生じる、自己の揺らぎの性質も違ってくると考えられる。

　このように、存在構造論は、自己の成立のあり方という視点から見たものであるため、健常・異常や病態水準で区別して理解するのでなく、それらを共通の基盤の上で位置づけて見ることができるとともに、個々の自己の成立について考えることができるのである。自己生成のいとなみにおけるどの契機に基本的に軸足を置いているか、という基本的存在構造は、「自己」といえる性格や生き方を形成するものとして捉えられるし、それは同時に、自己の支え方でもあるため、自己成長上の困難から精神疾患までを含む、自己の揺らぎ方・つまずき方や立て直しの努力の払い方と深く関わるものと言える。このため、基本的存在構造を捉える視座と観点は、自己をつかんでいくプロセスと、自己の立て直しのプロセスの、双方にアプローチ可能なのである。

# 第3章

## 存在構造論の実証的再検討
心的現実感(リアリティ)と「心の軸足」を捉える視座

　前章までに述べてきたことを踏まえて、本章では、木村敏の存在構造論における、3つの基本的存在構造を捉えうる「存在構造尺度」の作成とそれを用いての調査を通して、存在構造論を理論的に再検討する。

## 第1節　存在構造質問紙の作成
───アンテ・フェストゥム－ポスト・フェストゥム質問紙とイントラ・フェストゥム質問紙

　存在構造尺度の作成にあたっては、自己と世界の成立にまつわる3つの契機について、それぞれ何らかの形で意識にのぼりうる事態を拾い上げられるような尺度を作成することを目的とした。具体的には、木村敏の存在構造論を形づくる一連の諸論文における、アンテ・フェストゥム構造、ポスト・フェストゥム構造、イントラ・フェストゥム構造に関する理論的記述および臨床記述をもとに、下記の手続きを経て、筆者が独自に作成した。

　アンテ・フェストゥムとポスト・フェストゥムの2つの存在構造については、木村自身、当初は「人間の対自己・対世界関係を大きく2つの範疇に分ける互に正反対の方向をもった基本構造」(木村, 1976b)と述べ、一次元上の両極的な位置を占めるものとして考えていたが、後の論文(木村, 1985)で、両者は自己と世界に対する関わり方を大きく二分するものではあるが、それぞれ独立した軸をもつものとして述べている。この点も含めて検討するため、両構造について問う一つの質問紙として作成した。

イントラ・フェストゥム構造については、アンテ・フェストゥム構造やポスト・フェストゥム構造と対立するものでも、三者択一的な並列関係にあるものでもない。それら2つの存在構造をそもそも可能にするような源泉的位置づけをもつ構造であるため、別の質問紙として作成し、アンテ・フェストゥムおよびポスト・フェストゥムとの関係を検討することとした。

## 1. 項目の作成

アンテ・フェストゥム－ポスト・フェストゥム質問紙およびイントラ・フェストゥム質問紙の項目は、次の手順により作成した。

表3-1 3つの基本的存在構造の特徴

〈アンテ・フェストゥム構造の特徴〉
**自己の実現を、現実を離れ、未知の次元に置き、より純粋な独自性・主体性を求める傾向**
- 自己を未知の次元に置く傾向
- 未知・遠さへの指向
- 先取り性
- 超越的・非現実的なものへの親和性
- 革新的思想・根本的改革指向
- 独自性・主体性への欲求

〈ポスト・フェストゥム構造の特徴〉
**自己の実現を完了態的次元に置き、世間に自己を位置づけることを求める傾向**
- 自己の実現を完了態的次元に置く傾向
- 近さへの指向
- 獲得・達成したものの喪失を恐れる傾向
- 保守的思想・伝統・安全指向
- 社会・周囲との同調を求める傾向
- 自己主張を控える傾向

〈イントラ・フェストゥム構造の特徴〉
**自己の実現を永遠の現在の一瞬に置き、根源的自発性との合一性を求める傾向**
- 自己の実現を、永遠の現在の一瞬に置く傾向
- 賭ける傾向
- 転機・発作親和性
- 自然や他者との無限の合一感
- ノエシス性に開かれたあり方

①まず、木村敏による理論および臨床記述をもとに、アンテ・フェストゥム構造、ポスト・フェストゥム構造、イントラ・フェストゥム構造のそれぞれについて、特徴抽出をおこなった（表3-1）。

②各構造の特徴を測定しうると考えられる項目を筆者が独自に作成した。その際、各構造の特徴が表れうる感覚、思考、体験、行動等について、なるべく偏りなく、幅広く網羅するよう配慮し、普段意識されやすいレベルのものから、普段はあまり意識の中心にはないが問われれば、ふと意識されうる可能性のあるレベルのものまで、層化して検討した。

③項目間の内容や水準等のオーバーラップにも目配りして、慎重に項目選定をおこない、同じ表現で複数の意味が生じないか、ダブル・バーレル等の項目表現をチェックし、予備的質問紙を作成した。

## 2. 内容的妥当性の検討

作成した存在構造質問紙の内容的妥当性について、下記の手順で検討した。

①臨床心理学を専門とする大学教員2名と大学院生および臨床心理士40名に、予備的質問紙を実施し、自分にどの程度あてはまるかを6段階での評定を求めた。

②その上で、存在構造論と3つの存在構造についての説明文と、各構造の項目リストを提示し、各項目の内容や表現の妥当性について、「適切」か「適切でない」かの2件法での評定を求めた。

③その際、「適切でない」と評定した場合には、その理由や適切な項目案についても記入を求めた。

④その結果、「適切でない」という評定が1名でもあった項目については次のように検討した。本質的に「適切でない」と評定された項目は削除した。部分的な言語表現が「適切でない」と判断された項目については、表現を改良した。加えて、項目案について、臨床心理学を専門とする教員2名と内容的妥当性を検討した。

### 3. 質問紙冊子

以上の手続きを経て、アンテ・フェストゥム構造について測定しうると想定した25項目、ポスト・フェストゥム構造について測定しうると想定した15項目、計40項目からなるアンテ・フェストゥム－ポスト・フェストゥム質問紙と、イントラ・フェストゥム構造について測定しうると想定した40項目からなる、イントラ・フェストゥム質問紙を作成した。

項目の提示順については、両質問紙の項目をすべて合わせてランダム化し、さらに、順序効果を相殺するため、カウンターバランスをとった。

教示は共通で、それぞれの項目について、自分にどの程度あてはまるかについて、「全然あてはまらない」から「かなりあてはまる」までを1から6の6段階で評定を求める形をとった。

これらの冊子体の表紙として、フェイスシートを作成した。フェイスシートには、調査に関する説明と倫理的配慮を記し、所属、学年、年齢、性別の記入欄を設けた。

## 第2節　存在構造質問紙の実施と分析

### 1. 本調査の手続き

#### 1）調査協力者

大学生1・2回生231名（男子85名、女子143名）がつとめた。平均年齢19.140歳、標準偏差1.036歳（男子19.435歳、1.190歳、女子19.965歳、0.891歳）であった。

#### 2）手続き

集団法により、上述の質問紙冊子（第1節3.）を用い、質問紙調査をおこなった。調査および倫理的配慮についての説明および教示にあたっては、フェイスシートの文書を用いて口頭でおこなった。

### 2. アンテ・フェストゥム－ポスト・フェストゥム質問紙の分析結果と考察

この質問紙については、アンテ・フェストゥムとポスト・フェストゥムの両概

第3章　存在構造論の実証的再検討

念の内容と関係について検討するために、全40項目についての因子分析をおこなった後、各因子についての項目分析によって、当該概念との関連が小さいと考えられる項目を省いた。

## 1）因子分析および項目分析

　調査協力者ごとに、各項目について、「全然あてはまらない」から「かなりあてはまる」の評定に対し1点から6点を与えることで、全40項目の素点を算出した。これをもとに、因子数を指定せずに因子分析をおこなったところ、固有値のスクリープロットと解釈可能性の観点から、因子数は3が妥当と判断し、因子数を3に指定して主成分法による因子分析をおこなった。各因子についてバリマックス回転後の因子負荷量.40以上を項目採択基準としたところ、13項目が除外され、第1因子12項目、第2因子7項目、第3因子8項目の計27項目が残された（表3-2）。ただし、項目4は、第1因子と第2因子の両方に.40以上の因子負荷量が見られるため除外し、第2因子6項目とする。これによって、暫定的な採択項目は計26項目となった。

　得られた各因子について、調査協力者ごとに、当該因子の下位項目の素点を合計することで、各因子得点を算出した。その際、因子負荷量がマイナスの項目については、逆転項目として扱い、「全然あてはまらない」から「かなりあてはまる」までの6段階評定に対し1から6の素点を与えていたところを、点数を逆転させて、6から1の素点を与え直した。また分布の正規性も確認された。

　次に、各因子得点の上位1/4・下位1/4にあたる調査協力者をそれぞれ上位群・下位群とし、各因子得点と当該因子の下位項目について、両群間の平均値の有意差についてt検定をおこなった。その結果、各因子得点と当該因子の下位項目すべてについて、.01％水準で有意差が認められ、上位群が下位群より平均値が高いことが確認された。さらに、各因子の合計得点と当該因子の各下位項目との間のピアソンの相関係数を求めたところ、すべてr=.40以上と中程度以上の正の相関が認められ、無相関として除外される項目はなかった。クロンバックのα係数は、第1因子が.790、第2因子が.688、第3因子が.624であった。各因子の内的一貫性は適切な範囲で確認されたと言える。以下に、得られた3つの因子につい

て検討する。

## 2) 因子分析によって得られた因子の検討
### a) 第1因子

12項目中9項目 (項目16, 17, 3, 22, 19, 13, 36, 30, 5) がポスト・フェストゥム構造を測定しうると想定した項目にあたる。特に、"これまで生きてきた (完了態的次元) 世間に同調的な基本路線から外れ"たり、"これまで獲得・達成したものを喪失し"たりすることで、「取り返しのつかない」事態に陥ることを恐れる《「既在的自己」指向性》をカバーしていると考えられる。

残りの3項目 (項目7, 24, 15) は、アンテ・フェストゥム的な項目と想定していたが、その逆転項目として作成した項目7「未知のものやわからないことが怖い」や、先取り指向を表すと想定した項目15については、むしろポスト・フェストゥム的な"既存の枠組みを失う恐れ"や"保守・安全指向"を示す項目として機能したと考えられる。また、項目24「早く大人になりたい、と願う一方で、大人になることが怖い」も、アンテ・フェストゥム的な、自己実現をあくまで未知次元に求め、実際の実現に慄くあり方を表すと想定していたが、"大人になりたい"という表現がむしろ社会性と自己性を兼ね備えたイメージを担い、ポスト・フェストゥム的なあり方と親和的な項目として抽出されたと考えられる。

これら全体を踏まえると、第1因子は、ポスト・フェストゥム的なあり方の中でも、特に《「既在的自己」指向性》を示す因子と言える。

### b) 第2因子

6項目すべてアンテ・フェストゥム項目と想定したものであり、特に〈自己の実現を未来におく傾向〉、〈未知・遠くへの指向〉、〈先取り性〉、〈独自性・主体性への欲求〉に関する項目が中心となっている。すなわち、第2因子は、まだここにはなく未知の次元にある、より純粋な他ならぬ自己・独自性・主体性を追い求める傾向としての、アンテ・フェストゥム構造の《「未来的自己」指向性》を示す因子と言える。

### c) 第3因子

8項目中5項目 (項目40, 20, 9, 39, 37) がアンテ・フェストゥム的と想定した項目、

3項目（項目8, 27, 35）がポスト・フェストゥム的と想定した項目からなり、後者は前者の逆転項目として抽出されている。

　まず、前者の5項目は〈独自性・主体性への欲求〉と〈超越的・非現実的なものへの親和性〉に関する項目である。もともとアンテ・フェストゥム的な態度の特徴、すなわち「自己の実現を、現実を離れ、未知の次元に置き、より純粋な独自性・主体性を求める傾向」について測りうると想定していた項目群が、第2因子と第3因子に分かれた形となった。先に述べたように、第2因子として抽出されたアンテ・フェストゥム的態度は、《未来的自己》を指向する傾向、すなわち「未知の次元にあるべき、純粋な他ならぬ自己を追い求める動き」の側面である。これに対し、第3因子として抽出された5項目は、自分自身の中で生きられている時間や世界が「世間一般」のそれと同調せず、むしろ「他性」を孕んだ「世間一般」の時間や世界を忌避することで、他ならぬ自己を追い求める動きの側面、すなわち《「世間一般性」忌避的な自己指向性》であると言える。

　一方、ポスト・フェストゥム的な態度の特徴、すなわち「自己の実現を完了態的次元に置き、世間との同調性を求める傾向」について測りうると想定していた項目群が、第1因子と第3因子に分かれた形となった。第1因子として抽出されたポスト・フェストゥム的態度は、《既在的自己》を指向する傾向、すなわち「自分のこれまでの世間に同調的な基本路線から外れてしまう事態を恐れる」側面である。これに対し、第3因子として抽出された3項目は、「世間一般」の時間や世界と同調し、むしろそれを自己化している《「世間一般性」同一化的な自己指向性》とも言える側面である。加えて、その側面が、先のアンテ・フェストゥム的な《「世間一般性」忌避的な自己指向性》の5項目に対する逆転項目として抽出されている。

　このように、木村の論ではアンテ・フェストゥム構造の現れとして捉えられていた《「世間一般性」を忌避することで自己を指向するあり方》と、ポスト・フェストゥム構造のそれと捉えられていた《「世間一般性」に同一化することで自己を指向するあり方》は、「世間一般性」に関わる同じ一つの軸上の正反対の動きとして抽出されている。よって、第3因子は、全体として、《「世間一般性」忌避的な自己指向性－「世間一般性」同一化的な自己指向性》の面に関する因子と言える。

表3-2　アンテ・フェストゥム－ポスト・フェストゥム尺度の
　　　　因子分析（主成分解・因子数＝3・バリマックス回転後）の結果

| 項目番号 | | 第1因子 | 第2因子 | 第3因子 |
|---|---|---|---|---|
| **第1因子：「既在的自己」指向性尺度（P尺度）** | | | | |
| 16 | 「取り返しのつかないこと」になるのが怖い。P | .682 | -.069 | -.024 |
| 17 | 他人に何をされるかわからない、という秘かな不安がある。P | .644 | .167 | .318 |
| 3 | すんだことをくよくよ考えるほうである。P | .607 | -.066 | .124 |
| 22 | まわりに期待されると、その期待にこたえねば、とプレッシャーを強く感じる。P | .578 | -.226 | -.098 |
| 19 | 今まで自分がしてきたことがだいなしになるようなことを、避けようとする。P | .577 | .061 | -.095 |
| 7 | 未知のものやわからないことが怖い。 | .553 | .049 | .108 |
| 13 | 社会的に安定したレールに乗って進むほうが楽だと思う。P | .514 | -.165 | -.181 |
| 36 | 一所懸命にやったことが失敗した時、「自分が今までやってきたことは何だったのだろう」という徒労感に陥る。P | .513 | .102 | -.064 |
| 30 | 自分が今まで歩んできた道から外れることをするのは嫌だ。 | .505 | -.141 | -.230 |
| 5 | まわりと違ったことをするより、まわりに合わせておくほうが安心する。P | .499 | -.288 | -.235 |
| 24 | 早く大人になりたい、と願う一方で、大人になることが怖い。 | .471 | .221 | .043 |
| 15 | 小説などを読んでいても、早く結末が知りたくて、落ち着いて読んでいられないほうである。 | .400 | -.047 | .123 |
| **第2因子：「未来的自己」指向性尺度（A尺度）** | | | | |
| 23 | 自分が本当にしたいことは何か、ということにこだわる。 | .055 | .705 | .006 |
| 29 | 新しい変化を求めるほうである。 | -.109 | .582 | .130 |
| 33 | 未知のものやわからないことに強く魅かれる。 | -.174 | .572 | .047 |
| 34 | 「自分が自分でしかありえない」ところを追い求めているふしがある。 | .064 | .546 | .101 |
| 14 | 「本当の自分」とか「本当の自分らしさ」を、もっと純粋に実現したい。 | .181 | .535 | -.131 |
| (4 | 「まだ本当の自分ではない、早く本当の自分にたどりつきたい」と思う。 | .409 | .422 | .112) |
| 1 | 自分は生き急いでいる、と思うことがある。 | .054 | .402 | -.041 |
| **第3因子：「世間一般性」忌避的自己指向性尺度（A-P尺度）** | | | | |
| 40 | 一般社会の時間に合わせて行動するのが苦痛である。 | -.015 | .085 | .759 |
| 20 | 目の前の事柄や、現実的なことには、どちらかというと興味がない。 | .005 | .108 | .480 |
| 9 | もともと、まわりの人に合わせるのは好きでない。 | -.069 | .188 | .472 |
| 39 | 待つ、ということが苦手である。 | .105 | .053 | .468 |
| 37 | 一般社会の時間の流れと自分自身の中での時間の流れとの間には、大きなズレがある。 | .249 | .322 | .401 |
| 8 | 自分に与えられた役割は果たさないと気がすまない。P | .159 | .379 | -.428 |
| 27 | 集団の集合時間には遅れるわけにはいかないし、まず遅れることはない。P | .114 | .085 | -.458 |
| 35 | 近所づきあいは大切だと思う。P | .019 | .208 | -.525 |
| | 固有値 | 4.875 | 3.804 | 2.760 |

凡例：（項目の後にある）P：当初はポスト・フェストゥム項目として作成された項目

以下、第1因子を「既在的自己」指向性尺度（P尺度）、第2因子を「未来的自己」指向性尺度（A尺度）、第3因子を「世間一般性」忌避的自己指向性尺度（A-P尺度）として扱うことにする。

以上のように、アンテ・フェストゥムとポスト・フェストゥムについては、木村敏の理論を支持する結果と、部分的に異なる結果を得た。この点については、後にあらためてとりあげて検討する。

## 3. イントラ・フェストゥム質問紙の分析結果と考察

イントラ・フェストゥム質問紙については、全項目についての項目分析によって、当該概念との関連が小さいと考えられる項目を省いた後、因子分析をおこなった。その手続きと結果は以下の通りである。

### 1）項目分析

全40項目のうち、逆転項目5項目を除く35項目については、「全然あてはまらない」から「かなりあてはまる」までの6段階評定に対し、それぞれ1から6の素点を与え、逆転項目5項目については、点数を逆転させて各々6から1の素点を与えた。これをもとに、調査協力者ごとに合計得点を算出した。また、分布の正規性についても確認された。次に、合計得点の上位1/4・下位1/4にあたる調査協力者をそれぞれ上位群・下位群とし、合計得点と各項目について、両群間の平均値の有意差についてt検定をおこなった。その結果、5％水準で有意差が見られなかった3項目が除外された。それ以外の項目については、5％から.01％水準で有意差が認められた。さらに、合計得点と各項目との間のピアソンの相関係数を求め、r=.20未満の項目（2項目）を除外した。これらの手続きを経た結果、暫定的に計35項目を採択した。

### 2）因子分析と得られた因子の検討

項目分析の結果得られた35項目をもとに、因子数を指定せずに因子分析をおこなったところ、固有値ならびに解釈可能性の観点から、因子は3が妥当と判断し、因子数を3に指定して主成分法による因子分析をおこなった。各因子につい

てバリマックス回転後の因子負荷量.40以上の項目を採択したところ、9項目が除外され、第1因子に12項目、第2因子に7項目、第3因子に7項目、計26項目が残された(表3-3)。この26項目のクロンバックの$\alpha$係数は.831であり、十分な内的一貫性が認められた。

この結果から、イントラ・フェストゥム構造は、全体としては一つの傾向をもつ、以下の3因子からなることが確かめられた。

①第1因子は、全体に《自然や他者との合一感》と《ノエシス的自発性の感覚》に関するものと言える。したがって、「自他未分の根源的自発性」尺度と命名する。

②第2因子は、ノエシス的自発性が自らの制御を超えそうな瞬間の有無に関する項目(13, 14, 10)や、没体験的・没我的に外的現実を離れた時間の有無に関する項目(1, 7, 11)を中心にまとまっている。これらはいずれも、体験を成り立たせている異なる存在次元間の垂直方向の動きに関するものであり、全体として《存在次元の変化(の有無)》に関する因子と捉えうる。したがって、「存在次元変化」尺度と命名する。

③第3因子は、《自己実現を現在の一瞬に賭ける傾向》、すなわち、自分の中から自分を突き動かすものに開かれ、それによって行動する、一般社会規範や時間展望を超えたあり方、に関する因子と言える。したがって「瞬間的自己実現」尺度と命名する。

以下、この26項目を「イントラ・フェストゥム尺度(I尺度)」として扱うことにする。

### 3) イントラ・フェストゥム尺度と他の3尺度との相関

存在構造論においては、既に述べたように、イントラ・フェストゥム構造はアンテ・フェストゥム構造とポスト・フェストゥム構造の基盤であり、本質的にこれらと背反しない量的規定とされる。この点を鑑みて、イントラ・フェストゥム尺度を、ポスト・フェストゥムとアンテ・フェストゥムとは別の質問紙によって

第3章　存在構造論の実証的再検討

表3-3　イントラ・フェストゥム尺度（I尺度）の
因子分析（主成分分解・因子数＝3・バリマックス回転後）の結果

| 項目番号 | | 第1因子 | 第2因子 | 第3因子 |
|---|---|---|---|---|
| | **第1因子：「自他未分の根源的自発性」尺度** | | | |
| 38 | 自然の中に自分がとけ込んでいくような、自分の中に自然があるような、体験をしたことがある。 | .731 | .144 | .145 |
| 22 | 自然の偉大さに、ひれ伏したくなるような思いを、体験したことがある。 | .699 | .223 | .006 |
| 3 | 自然の美しさや豊かさに、我を忘れてしまった、という体験がある。 | .618 | .221 | -.139 |
| 9 | 自分の中に、すべてのものに宿り、すべてのものを生かしているいのちと同じいのちが、いきづいているのを、感じる。 | .573 | -.107 | .010 |
| 20 | 他人と一体感を感じたことがある。 | .573 | .018 | .039 |
| 29 | 自分の中に、自分を突き動かす原動力のようなものがあるのを感じる。 | .566 | .038 | .360 |
| 33 | 地震・火山の噴火・台風・洪水などを体験したり見聞きしたりして、「自然のもつこの物凄い力が自分の中にも宿っているのだ」と感じたことがある。 | .494 | -.017 | -.101 |
| 8 | 本来、祭りごとが好きなほうだ。 | .468 | -.020 | .297 |
| 40 | 自分の中に体験とか気持ちとかがあふれて、言葉がそれに追いつかないようなことがある。 | .467 | .458 | -.094 |
| 6 | 何かつくることが好きである。 | .445 | .222 | .202 |
| 2 | 「今、これをしないと、絶対に後悔する」と思ったら、どんなことがあっても突き進んでしまう。 | .435 | .397 | .111 |
| 36 | 身体を動かすことが好きである。 | .402 | .025 | .229 |
| | **第2因子：「存在次元変化」尺度** | | | |
| 13 | 話していて、話すスピードが変わったり、声が出にくくなったり、のどがつまるような感じがしたりすることがある。 | -.076 | .663 | -.188 |
| 1 | 何かに熱中していて、ふと気づくと、何時間も経っていた、ということがよくある。 | .246 | .566 | -.019 |
| 14 | じっとしていられないほど、気持ちが落ち着かない時がある。 | -.050 | .492 | .399 |
| 7 | 何かしている時に、人に呼ばれても、気がつかないことがある。 | .160 | .487 | .054 |
| 11 | 時間が経つのが早い時と遅い時がある。 | .065 | .462 | .064 |
| 10 | 一瞬、何かを破壊してしまいたいような気分に駆られることがある。 | -.139 | .460 | .344 |
| 5 | 欲しいものをどんなことをしても手に入れようとする人を、とがめる気持ちはない。 | .158 | .428 | .166 |
| | **第3因子：「瞬間的自己実現」尺度** | | | |
| 15 | どちらかというと、自分は、一般的な善悪で物事を見ていない。 | -.235 | .099 | .586 |
| 30 | 急にスピーチを求められても、その時の思いつきでしゃべることができる。 | .250 | -.059 | .555 |
| 37 | たとえ後で困るようなことをしていても、その時の充実感のほうが勝ってしまうことが多い。 | .307 | .145 | .528 |
| 27 | 時々、何か悪いことや人をびっくりさせるようなことをしたくてたまらなくなる時がある。 | -.047 | .397 | .521 |
| 24 | するしないにかかわらず、自分は、賭事が好きなほうだと思う。 | -.041 | .185 | .407 |
| 34 | その時の今の「一瞬」に自分のすべてを賭けてしまうようなことがよくある。 | .355 | .248 | .406 |
| 23 | 大切な場面で、決断のあと行動するのでなく、瞬間的に自分の中から突き動かされるように迷わず行動に出る、ということがよくある。 | .331 | .205 | .405 |
| | 固有値 | 4.700 | 3.037 | 2.976 |

抽出した。しかし、イントラ・フェストゥム尺度と「既在的自己」指向性尺度 (P尺度)、「未来的自己」指向性尺度 (A尺度)、「世間一般性」忌避的自己指向性尺度 (A-P尺度) の間の関係を確認しておくことは必要であろう。

この目的で、イントラ・フェストゥム尺度得点 (IS) と「既在的自己」指向性尺度 (P尺度) 得点 (PS)、「未来的自己」指向性尺度 (A尺度) 得点 (AS)、「世間一般性」忌避的自己指向性尺度 (A-P尺度) 得点 (APS) の間のピアソンの相関係数を算出した。IS－PS間は$r = -.098$、IS－APS間は$r = .082$とほとんど相関が見られなかった。一方、IS－AS間は$r = .420$と中程度の正の相関が見られた。

この結果から、イントラ・フェストゥム構造は、ポスト・フェストゥム構造に含まれる「既在的自己」指向性や、アンテ・フェストゥム構造に含まれる「世間一般性」忌避的自己指向性とは背反しない、両立しうるものであることが確かめられた。一方、イントラ・フェストゥム構造とアンテ・フェストゥム構造に含まれる「未来的自己」指向性との間に中程度の正の相関が見られた。このことは、木村自身、イントラ・フェストゥム構造は、ノエシスの生成的な側面であり、そこには生成を"未来"や"未知"に向けて推進する力が含まれているため、本質的にはアンテ・フェストゥム的な側面が備わっているとしていることを支持する結果である。ただし、イントラ・フェストゥム構造と関係するのは、木村の言うアンテ・フェストゥムの中でも、自己に対して純粋な自己性を追求するはたらきに限られる点が新たに明らかとなったと言える。しかし、本研究のイントラ・フェストゥム尺度は、ノエシス的なはたらきが体験として意識にのぼりやすいか否かでイントラ・フェストゥム構造を測定しようとしているものであるため、それ自体、アンテ・フェストゥム的な「ノエシス面を捉えようとするはたらき」寄りのイントラ・フェストゥム構造を測っているという面も考慮する必要があると考えられる。

## 第3節　新たな存在構造論

### 1. 新たに区別された3つの契機

既に述べたように、木村敏は、心的次元における自己の成立にまつわる契機と

して、イントラ・フェストゥム、アンテ・フェストゥム、ポスト・フェストゥムの3つの契機を見出すことができ、それらの不均衡が性格や体験様式を生み、自己の立て直しの努力において「問題」として前景に現れるとしている。この点に関し、自己が自己であることを支えるものとしていずれの契機を選び取っているか、つまり、いずれの契機に「心の軸足」を置きがちであるかによって、基本的存在構造の性質の違いが生まれる、ということについても指摘した。

　そして、この自己の成立にまつわる3つの契機に基づく、3つの基本的存在構造として論じられたあり方について、質問紙調査を通じて実証的に検討した。その結果、アンテ・フェストゥムとポスト・フェストゥムについては、《「既在的自己」指向性》、《「未来的自己」指向性》、《「世間的自己」忌避的な自己指向性-「世間的自己」同一化的な自己指向性》の3つの契機あるいは構造として抽出された。木村が、アンテ・フェストゥムとポスト・フェストゥムについて、当初は一次元上の正反対のあり方として捉えていたことと、後に、相互に独立し両立しうるあり方であるとしていることの、両方について支持する結果が得られ、かつ、新しい概念構造が見出された。少し詳しく見てみよう。

### 1) アンテ・フェストゥムにおける2側面

　木村の論において、同じアンテ・フェストゥム性として語られているあり方は、質問紙調査を通じて、次の2つの側面に区別されて抽出された。このことは、心理的次元においては、両側面は質的に区別され、個人によって、この両者の傾向をさまざまなバランスでもちうるということを示している。

　①《「未来的自己」指向性》の側面、すなわち、"自己が自己自身に対して、より純粋な自己を、未知の次元にあるべきものとして追い求める動き"
　②《「世間一般性」忌避的な自己指向性》の側面、すなわち"「世間一般性」を、「他」として「自己」から切り分けることによって、より純粋な「他ならぬ」自己を獲得しようとする動き"

　つまり、「より純粋な独自性・主体性を追い求める」態度としては、①「自己自

身に対しての純粋性」を未来的に見出そうとする態度は、②「他性の排除」によって「他ならぬ」純粋な自己を求めようとする態度とは、必ずしもイコールではない。

むしろ、①《「未来的自己」指向性》と②《「世間一般性」忌避的自己指向性》の2つの軸があり、その2軸によって、従来のアンテ・フェストゥム的態度の質の違いを見分けることができると考えられる。

### 2）ポスト・フェストゥムにおける2側面

同様に、木村の論において、同じポスト・フェストゥム性として語られているあり方は、質問紙調査を通じて、次の2つの側面に区別されて抽出された。

①《「既在的自己」指向性》の側面、すなわち、"自分が世間との間でこれまで獲得してきた同調的なあり方という基本路線から外れてしまう事態を恐れる"
②《「世間一般性」同一化的な自己指向性》の側面、すなわち、"「世間一般」の時間や世界と同調し、むしろそれを自己化している側面"

つまり、②「世間一般性」との同調性に自己を見出す態度と、①そのような既在的な基本路線から外れることを恐れる態度とは、これまたイコールではない。こちらも、①と②の2軸によって、従来のポスト・フェストゥム的態度の質の違いを見分けることができると考えられる。

### 3）木村敏のアンテ・フェストゥムとポスト・フェストゥムの捉え直し

以上を踏まえると、木村敏の存在構造論におけるアンテ・フェストゥムとポスト・フェストゥムは、全体として独立の関係というのではない。「自己は、いまここになく、未知の、未来的次元にあり、それを追い求めるあり方」としての《「未来的自己」指向性》と「自己は、これまで実現されてきた完了態的次元にあり、そこから外れることを恐れるあり方」としての《「既在的自己」指向性》という点では独立である。そして、両者は、心的次元において自己と言えるものをどこに見出しているかの力点は異なるけれども、いずれも自己の自己自身に対する態度が中心となっている。

これに対して、自己の「世間一般性」に対する態度が、アンテ・フェストゥムとポスト・フェストゥムが両極的に位置づけられる軸として取り出されたわけである。すなわち、「世間一般性」を他性として見て、自己と区別することで純粋な自己であろうとするか、「世間一般性」に自性を見出し、これを自己化することで世間に自己を位置づけようとするか、という「世間一般性」と「自己」との関係のあり方においては、一次元上での正反対のあり方と言える。

この点は、まさしく、心理的問題、すなわち"心理的次元において、自己はいかにして自己でありうるか、自己として存在しうるか"という自己の成立をめぐる問題が、単に内面だけで帰結する問題にとどまらず、「社会」や「他者」から距離を置いたり、「世間一般性」に反発したり、社会的価値観から外れた言動をとったりするような、いわゆる"社会性"の問題の様相を帯びることが少なくないことに関わる点と考えられる。

## 2. 新しい存在構造論

新たに区別された、《「既在的自己」指向性》、《「未来的自己」指向性》、《「世間的自己」忌避的な自己指向性－「世間的自己」同一化的な自己指向性》に、イントラ・フェストゥムを加えた、4つの契機について、木村敏の存在構造論に立ちかえって検討してみよう。

### 1)《「未来的自己」指向性》と《「既在的自己」指向性》の関係

ノエシスが自らを、自と他に差異化し、新たに捉え直し続けることで、自己や他者や世界が、ノエシス性を伴ったものとして成立し、その都度の現在において獲得される。この《より純粋な》、《より新たな》自分や世界を求める動きは《「未来的自己」指向性》にあたる。この時、差異化によって生まれたノエマ面、捉えられ獲得された自己や世界の側面の維持を求める動きは《「既在的自己」指向性》にあたる。両契機は、因子分析の結果、いずれかが一方の逆転項目となる形で1つの因子として抽出されたりはしなかった。つまり、両契機は対立項をなして一次元の両極を担うというわけではなかった。それぞれ別の因子として抽出され、互いに独立の概念であることが裏づけられた。

まだ見ぬ自己を探究する自己変革的な動きと、つかみとった自己を保とうとする動きは、一見すると対立項のように見えるが、それが対立項であれば、心的次元においてこれまでの自己とこれからの自己が併存できないということになってしまう。両契機が同じ1つの事態の「質的に異なる」2つの相として両立的にはたらいているからこそ、木村敏が存在構造論関連の諸論文を通して説く、"自己がある一貫性(「相即（コヘレンツ；Kohärenz)」、Weizsäcker, 1973) をもった自己でありつつも、新たな自己へと開かれ、発展的に捉え直されていく" といういとなみが可能になるのだと考えられる。

　一方、こうした一瞬一瞬の自己や世界の成立を希求するいとなみは、角度を変えてみれば、常に自己や世界の成立の問題を問い続けているということでもある。《「未来的自己」指向性》と《「既在的自己」指向性》の両契機は、自己や世界の成立に向けての、つまり「何をもって、自己でありうるのか、自己と世界がありうるのか」という、自己や世界が拠って立つ（希求する）「心の軸足」が異なるわけである。その軸足が揺らぐ時に、自己と世界が揺らぐ。その軸足の性質が、揺らぎの性質を生む。質的に異なる問題を孕む。

　したがって、自己の立て直しの際にどちらか一方の契機が尖鋭化するというのは、そこで問題にしていることがどの契機にまつわる、どういう質の相のこととして問われているのか、そこでどのように立て直そうとしているか、ということが明確になるということである。

## 2)《「未来的自己」指向性》もしくは《「既在的自己」指向性》の尖鋭化

　アンテ・フェストゥム的《「未来的自己」指向性》とポスト・フェストゥム的《「既在的自己」指向性》のそれぞれが尖鋭化する事態について考えてみよう。

　ノエシス的はたらきそのものは、本来、個別的自己の本体でありながらも、すべての有機体を成り立たせる共通のはたらきであり、人間存在にとって自己や間主体的な世界が成立する基盤となるはたらきである。それゆえ、ノエシス的はたらきは、本来、自己でも非自己でもありうるという性格をもつと言える。ノエシス的はたらきは、その本来的性格ゆえに、アンテ・フェストゥム的な、自らを「自己」の相のもとに捉えようとする差異化・限定への動きが強まるほど、他と「他

ならぬ自己」との差異化限定（ノエマ化）力が、逆説的に弱まることになると考えられる。「自己の他者化」の危機に対する敏感さが、逆説的に「自己の他者化」の危機を招くわけである。つまり、ノエシス的はたらきは、自らを捉えようとすればするほど、自らを「自己」として限定するに足るノエマ面を産むことが困難となる。そのような不全なノエマ面を通しては、ノエシス面が「他ならぬ自己」として捉えられ体験される（ノエシス的自己）ことができず、メタノエシス的に自己を方向づけることもできない。このことが、さらに、より純粋な「他ならぬ自己」を捉えようとするアンテ・フェストゥム構造をさらに先鋭化させることになると考えられる。

　一方、ポスト・フェストゥム的契機の先鋭化は、ノエマ的自己としての自己限定の優位という事態である。つまり、ノエシス面を差異化し、自他の線引きによって自己化する方向性の優位である。そこでは、自己は「ノエマ的」「既在的」に成立し、「他ならぬ自己である」ことではじめて「自己がありうる」というアンテ・フェストゥム的な自己の成立の問題は自明的にクリアされている。

　しかし、この方向性の優位は、「ノエマ的自己」によって、ノエシス面の差異化が抑制され、新たな自己が生成されにくい事態である。換言すれば、ノエシス面が、自らの内の他者性を排除して自身をより純粋に捉えようとするような方向性の精度が低い状態である。そこには既に「他者の自己化」の萌芽が見られる。自己の成立の動きそのものが、既に在る自己を自己とする動きに傾くことで、逆説的に「他者の自己化」を孕むのである。

　このように、一方では、「より純粋な自己を求める」アンテ・フェストゥム的な動きの先鋭化が逆説的に「自己の他者化」の危機を招き、他方では、「これまでの自己を自己とする」ポスト・フェストゥム的な動きの先鋭化が逆説的に「他者の自己化」の危機を招く、ということが起こりうる。本来一つの柔軟な動的構造の一環であるはずの両契機の一方が突出するというところに、自己が自己であるための問題、そこで求めていること、その努力のありよう、を見てとることができ、これを捉える視点は、心理療法においても重要なものと言える。

3)《「世間一般性」忌避的な自己指向性》と《「世間一般性」同一化的な自己指向性》

では、この「両契機のどちらか一方への突出を決定する契機」は何であろうか。この契機が、今回、木村の論じているアンテ・フェストゥム構造とポスト・フェストゥム構造の中の互いに正反対の性質をもつ部分として抽出された第3因子、アンテ・フェストゥム構造のうちの《「世間一般性」忌避的な自己指向性》の側面、対、ポスト・フェストゥム構造のうちの《「世間一般性」同一化的な自己指向性》の側面であると考えられる。

「世間一般性」の源はノエシス的自発性にそもそも備わっている「すべての有機体を成り立たせる共通するはたらき」としての側面と考えられる。アンテ・フェストゥム構造においては、「世間一般性」は、自己にとっては異質で否定的な原理である。この「自己の内部における他者性（外部性）」を否定せずには、自らを自己として捉えることができず、そのために自らの世界や時間は基本的に世間一般のそれとは次元を異にすることになる。一方、ポスト・フェストゥム構造においては、「世間一般性」は、自己にとって肯定的な原理であり、むしろ非自己ではない自己そのものと化している。このように、個別的自己の本体でありつつ、すべての有機体を成り立たせているはたらきと共通するはたらきであるノエシス的自発性が、自らを捉えようとする時に、自らに内包されているアンテ・フェストゥム的契機とポスト・フェストゥム的契機のどちらの側面の方向に傾くかは、「世間一般性」への関わりのあり方という契機によって決まってくると考えられる。

つまり、これが、自己の立て直しへの動きのいわば"とっかかり"である。自己の立て直しにとりかかるにあたって、まずは何が保証されねばならないかが、アンテ・フェストゥム的な問題と、ポスト・フェストゥム的な問題とでは異なるということである。前者は、「世間一般性」の忌避が、後者は「世間一般性」との同一化が、それぞれ、自己であろうとするための第一歩として必要とされうると考えられる。

## 3. 結論

　木村敏の存在構造論に基づいた「存在構造尺度」の作成の試みを通して、存在構造論を再検討した。木村の論におけるアンテ・フェストゥムに含まれる《「未来的自己」指向性》と、ポスト・フェストゥムに含まれる《「既在的自己」指向性》は、互いに独立の概念であることが確かめられた。また、本来一つの柔軟な動的構造の一環であるはずの両契機の一方が突出する事態について考察した。一方の契機への突出という事態の中に、それぞれに特有の、自己の成立に向けての問題、自己が自己であるために求められていること、そのための努力のありよう、を捉える視点は、心理療法において重要であると考えられた。

　加えて、木村の論におけるアンテ・フェストゥムとポスト・フェストゥムのうち、自己の成立に向けての動きにおいて、「世間一般性」に対して、それぞれ「忌避的」か「同一化的」かという、互いに正反対の指向性をとるという契機が、新たに《「世間一般性」忌避的な自己指向性－「世間一般性」同一化的な自己指向性》として抽出された。この契機は、自己や世界の成立へのいとなみの中における、アンテ・フェストゥム的契機とポスト・フェストゥム的契機のいずれかへの傾きや突出を決定する契機であり、そうしたいずれかへの動きは、自己の立て直しに必要な第一歩であることが示唆された。今回は、被検者が大学生に限られていたため、今後は、さらに年齢層をひろげての検討が必要であろうと考えられる。

　こうして新たに見出された、アンテ・フェストゥム性とポスト・フェストゥム性に関する3軸構造である《「既在的自己」指向性》、《「未来的自己」指向性》、《「世間的自己」忌避的な自己指向性－「世間的自己」同一化的な自己指向性》と、イントラ・フェストゥム性を合わせた4軸によって、基本的存在構造の性質を、より詳細に捉えることが可能である。そしてこれら4軸それぞれの高さや、4軸のバランスのあり方といった、自己の軸足のあり方と、体験のリアリティの性質との関係についての検討が必要である。この点については、第4章で検討する。

# 第4章 木村敏の離人症論の再検討

## 第1節　存在構造論の視点からの木村敏の離人症論の理論的再検討

### 1. 木村敏の離人症論の問題点

　第1章で見てきたように、木村敏は、離人症を「共通感覚」の障害として論じている。この論は、従来の離人症論の中でも、離人症が問題としている本質を丹念に紡ぎだした論として評価できる。また、その本質理解が研究者によってまちまちであることから、さまざまな質のものが離人症として扱われてしまっている問題が従来指摘されているが、このことについて、木村は、表面的な症状だけでなく、その症状を生み出している基本構造の質を捉える視点の必要性を説き、「存在構造論」を提示している。この存在構造論については第2章で再検討した。

　木村敏（1978a）は、存在構造論に関する一連の論文と平行して、存在構造論の視点を加味した離人症論を下記の通り提示している。

> "離人症はその好発期である青年期に特徴的なイントラ・フェストゥム構造の急激な突出とアンテ・フェストゥム構造の尖鋭化に基づき、ノエシス面のはたらきが自己意識として立ち現れてくることから、自己が応急的にメタノエシス的機能を停止しノエシス的自己を消去した事態が生じる"

　しかし、残念ながら、この論では「ノエシス面のはたらきが自己意識として立

ち現れてくる」ことから、「自己が応急的にメタノエシス的機能を停止し、ノエシス的自己を消去」するといった展開が、いかにして生じるかについては特に説明がない。「共通感覚」論がそうであったように、ここでも"離人症＝リアリティ（を自分のものにする力）の喪失"という図式から離れられずにいる。

　この、木村の離人症論（木村, 1978a）を、あらためて、木村の存在構造論の視点から再検討してみよう。

## 2. 存在構造論の視点からの離人症論の再検討
　　──新たな離人症論
### 1）イントラ・フェストゥム構造の尖鋭化とアンテ・フェストゥム構造の尖鋭化による離人感

　イントラ・フェストゥム構造とは、既に述べた通り、主客未分の自発性あるいは生成力とでも言うべきノエシス面に即自（即時）的なあり方である。ノエシス面が自らをよりよく捉えよう（自他差異化）とするアンテ・フェストゥム構造でも、これまで捉えてきた自己（ノエマ的自己）を保持しようとするポスト・フェストゥム構造でもなく、このイントラ・フェストゥム構造が突出するということは、ノエシス面が自らをほとんど差異化できず、ほぼはたらきそのものとしてのノエマ、あるいは自他未分のものとしてのノエマしか生み出せない状態と考えられる。それゆえ、直接的なはたらきの感覚やある種の生々しさや実感を得ることはあっても、どこか捉えきれない何かが含まれているような体験となり、そのためノエシス面の自他差異化とつかみ直しへの動きというアンテ・フェストゥム的動き（《「未来的自己」指向性》と《「世間一般性」忌避的自己指向性》のどちらか、もしくはどちらも）が生じると考えられる。

　少し詳しく説明しよう。ノエシス的はたらきは、そこから自己にとっての自己や他者が成立してくる源泉であるため、その自他差異化は本質的に困難である。ゆえに、ノエシス面は自らを捉えようとするほど、自らを自己限定するに足るノエマ面を産むことが困難となり、逆説的にノエシス的自己として体験されえない。このことがさらにアンテ・フェストゥム構造を尖鋭化させる。つまり、ノエシス面が自らを精緻につかもうとすればするほど、生まれるノエマ面はノエシス

面にとっては常につかみ切れない不全なものとなる。そのため、ノエシスの自己限定がなされにくく、ノエシス自身を捉えきれない状態に陥り、自己や他者・外界がリアルに体験されない、という逆説が生じるわけである。

このように見ると、離人症は、自らを捉えるメタノエシス面のはたらきが「停止」しているといった静的な事態なのではなく、むしろ、メタノエシス面が過剰なほどに自らを捉えようとするために起こる、動的な事態なのだということが見えてくる。

こうした意味で、離人症は、「メタノエシス的はたらきの停止によるノエシス的自己の消去」というよりは、「ノエシス面の自他差異化への過剰なほどの動きが、逆説的にその自己限定を困難にし、そのことによって尖鋭化したメタノエシス面の機能不全により、ノエシス面が捉え損なわれている事態」と言える。

### 2）ポスト・フェストゥムの尖鋭化による離人感

一方、うつ病や退行期における離人症については、木村は「鬱の部分症状としての感情喪失感」で狭義の離人症とは異質であると述べるにとどまっている。うつ病や退行期の基本構造であるポスト・フェストゥム構造（《「既在的自己」指向性》と《「世間一般性」同一化自己指向性》のいずれかもしくは両方）の尖鋭化によって離人症は生じうるであろうか。ポスト・フェストゥム構造の尖鋭化は「ノエマ的自己としての自己限定の優位」「ノエマ的自己によるノエシス面差異化の支配」の尖鋭化である。この事態では、自己は「ノエマ的」「既存的」に成立し、アンテ・フェストゥム的な自己の成立の問題は自明的にクリアされている。一方、そのような自己の成立の動き自体の自己化への傾きは、自他差異化の精度の低さによる「他者の自己化」を逆説的に孕む。そこに既存的自己のノエマ面によるメタノエシス面の自己限定の固定化が生じ、本来のノエシス面の自己生成的なはたらきによるその都度の新たな自己言及が困難となる。つまり、その都度の新たな自分を生み出したり捉えたりといういとなみが、実質的に停止した、静的な事態における離人症と言える。このように、アンテ・フェストゥム的なそれとは質の異なる離人症が生じると考えられる。

### 3）心的次元における軸足の違いと離人感

このように、アンテ・フェストゥム構造とポスト・フェストゥム構造のいずれか一方の突出により、ノエシス面が自己としてつかみにくくなり、離人症が生じると考えられる。イントラ・フェストゥム構造は、この両構造の源であるノエシス的自発性に即自的な構造である。そのため、イントラ・フェストゥム構造のあり方は、いずれの構造の突出による離人症においても、その高さや質に関わると考えられる。

以上を踏まえると、木村敏の存在構造論における3つの基本的存在構造は、離人症の質に関わると考えられる。これらの基本的存在構造は、今回の調査研究で確認されたように、自己にとってリアリティをもった自己や他者を成立させるいとなみ、すなわち、ノエシス面が自他差異化によりノエマ面を産み出すことでノエシス面自身を統合的につかみ直す「メタノエシス的」はたらき、に含まれる4つの契機に基づく。したがって、このメタノエシス的はたらきのあり方、具体的には、4つの契機の均衡状態にいずれの契機への突出や傾きが現れるかに、自己の成立に向けての問題のあり方と立て直しの努力のあり方を読みとることができる。よって、離人症と基本的存在構造の関係を調べることは、離人症としてひとくくりにされているものを、質的な違いによって分け、それぞれの体験のリアリティの質や問題のあり方を捉えることにつながるはずである。

上記を踏まえ、本章では、離人症のうち、青年期心性の一つとして健常範囲内でも一時的・瞬間的には感じることのあるものを「離人感」としてとりあげ、その質やリアリティの理解へのアプローチとして、離人感と基本的存在構造との関係について検討する。具体的には、「離人感尺度」の作成と、離人感尺度および存在構造尺度を用いての調査を通して精査をおこなう。

## 第2節　離人感尺度の作成

### 1．離人感質問紙の作成

離人感質問紙は次の手続きで独自に作成した。

①離人症に関する臨床記述（井上, 1956, 1957; 木村, 1976a, 1976b, 1978a, 1980; 中安, 1989; 小川, 1965; 大橋, 1978; 新福・池田, 1958; 清水, 1965a, 1965b; 山中, 1978; 安永, 1987; 湯沢, 1992 ほか）を参考に、離人感特有の体験内容の表現として適切な言葉を抽出するよう留意し40項目を作成した。その際、第1章第1節の3で述べた、離人感の種類、すなわち、外界意識面、身体意識面、自我意識面についての離人感としての、実在感喪失、自己喪失感、有情感喪失、疎隔感、親和感喪失、実行意識喪失、自己所属感喪失、二重意識、等に関する項目をできるだけ偏りなく作成した。

②項目間の内容や水準等のオーバーラップや、同じ記述で複数の意味に受け取られるダブル・バーレル等の可能性がないかといった、項目表現の問題にも目配りして、慎重に項目選定をおこない、予備的質問紙を作成した。

## 2. 内容的妥当性の検討

離人感質問紙についても、存在構造質問紙の作成と同様に、下記の手順で、内容的妥当性の検討をおこなった。

①臨床心理学を専門とする大学教員2名と大学院生および臨床心理士40名に、予備的質問紙を実施し、自分にどの程度あてはまるかについて6段階での評定を求めた。

②その上で、離人感についての説明文と項目リストを提示し、各項目の内容や表現の妥当性について、「適切」か「適切でない」かの2件法での評定を求めた。

③その際、「適切でない」と評定した場合には、その理由や"適切な項目案"についても記入を求めた。

④その結果、「適切でない」という評定が1名でもあった項目については次のように検討した。

本質的に「適切でない」と評定された3項目は削除した。残りの37項目については、部分的な言語表現が「適切でない」と判断された4項目は表現を改良して採択した。加えて、"適切な項目案" 16項目については、臨床心理学を専門とする教員2名と協議の上、うち14項目を採択した。以上の手続きを経て、最終的

に計51項目を採択した。

## 3. 本調査の手続き
### 1) 調査協力者
大学生1・2回生231名（男子85名、女子143名）がつとめた。平均年齢19.140歳、標準偏差1.036歳（男子19.435歳、1.190歳、女子19.965歳、0.891歳）であった。

### 2) 材料
以下の質問紙からなる質問紙冊子を用い、集団法により質問紙調査をおこなった。

#### a) 離人感質問紙
1、、2.の手続きを経て、筆者が独自に作成した、離人感について測定する51項目からなる質問紙。各項目について自分にどの程度あてはまるかを、「全然あてはまらない」から「かなりあてはまる」までの6件法で回答を求める。

#### b) 存在構造尺度
木村敏の存在構造論をもとに、第3章で述べた手続きを経て、筆者が独自に作成した、基本的存在構造について測定する、次の2つの尺度。

- アンテ・フェストゥム―ポスト・フェストゥム尺度：「既在的自己」指向性尺度（ポスト・フェストゥム尺度；以下、P尺度／12項目）、「未来的自己」指向性尺度（アンテ・フェストゥム尺度；以下、A尺度／6項目）、「世間一般性」忌避的自己指向性尺度（アンテ・ポスト尺度；以下、A-P尺度／8項目）からなる。全26項目。
- イントラ・フェストゥム尺度（I尺度）26項目。

項目の提示順については、質問紙の項目をすべて合わせてランダム化し、さらに、順序効果を相殺するため、カウンターバランスをとった。

教示は共通で、それぞれの項目について、自分にどの程度あてはまるかについて、「全然あてはまらない」から「かなりあてはまる」までを1から6の6段階で評定を求める形をとった。

これらの冊子体の表紙として、フェイスシートを作成した。フェイスシートには、調査に関する説明と倫理的配慮を記し、所属、学年、年齢、性別の記入欄を設けた。

### 3）手続き

　上記の質問紙冊子を用い、集団法による調査をおこなった。調査および倫理的配慮についての説明および教示にあたっては、フェイスシートの文書を用いて口頭でおこなった。

## 4. 離人感質問紙の分析

　各調査協力者の全51項目についての6件法での1から6の評定値を素点とし、これをもとに、因子数を指定せずに主成分法で因子分析したところ、第1因子の固有値が12を超え、第2因子以降の固有値が2.054以下と小さい値であったため、この尺度を基本的に単因子尺度とみなし、因子数を1に指定し因子分析した。因子負荷量.40未満の8項目を除外し43項目を採択した。α係数は.941で内的一貫性は高い。離人感質問紙は基本的に一つのまとまった主観的体験として離人感を測定しうると言える。また、調査協力者ごとに全項目の素点の総和を算出したところ、分布の正規性が確認された。以下、この質問紙を、全43項目からなる「離人感尺度」とし、全項目の素点の総和を「離人感得点」とする。

　次に、その内的構造の検討のため、43項目をもとに因子分析をおこない、固有値のスクリープロットと解釈可能性を考慮し、因子数を5に指定し再度因子分析をおこなった。因子負荷量.40未満の4項目（項目17、46、32、24）と、複数因子に.40以上の因子負荷が見られる1項目（第1因子の項目9）の計5項目を除外した。各因子の項目内容を解釈したところ、第1因子《存在感喪失》（10項目）、第2因子《有情感喪失》（11項目）、第3因子《感覚疎隔感》（7項目）、第4因子《自他の接点の疎隔感あるいはノエシス面との接点の消失感》（5項目）、第5因子《二重意識と自己の連続性喪失感》（5項目）の5因子が抽出された（表4-1）。因子ごとに項目の素点の総和を因子得点として算出したところ、分布の正規性が確認された。これらの結果を踏まえ、5つの因子を離人感尺度の「下位尺度」とし、下位尺度ごとの素

表4-1　離人感尺度の因子分析（主成分分解・因子数＝5・バリマックス回転後）の結果

| 項目番号 | | 第1因子 | 第2因子 | 第3因子 | 第4因子 | 第5因子 |
|---|---|---|---|---|---|---|
| | **第1因子「存在感喪失」** | | | | | |
| 12 | 自分の心と身体が離ればなれになってしまったような感じがすることがある。 | .691 | -.006 | .144 | .147 | .265 |
| 51 | 自分は存在していないのではないかと感じることがある。 | .595 | .013 | .252 | .030 | .318 |
| 18 | 自分自身が自分でなくなったような、他人のような感じがすることがある。 | .578 | .220 | .005 | .236 | .301 |
| 7 | よく知っている人が、いままでと変わったところがないのに、まるで知らない人のように感じられることがある。 | .569 | .057 | .088 | .355 | .013 |
| 28 | 身体全体が借り物のようで、自分の身体でないような感じがすることがある。 | .549 | .346 | .119 | .130 | .195 |
| 13 | 誰かの隣にいても、その人の横にいるという感じがしないことがある。 | .548 | .199 | .203 | .219 | .179 |
| 40 | 手や脚や頭などが自分のものでないように感じることがある。 | .547 | .376 | .293 | -.076 | .052 |
| 1 | まわりの人やものがそこに「ある」という実感が、いま一つないことがある。 | .509 | .240 | .045 | .045 | .053 |
| 3 | 自分の身体の中身がスカスカになってしまったような感じがすることがある。 | .492 | .059 | .163 | .141 | .287 |
| (9 | 人と話していても、間に何かベールやガラスを通して話しているような感じがすることがある。 | .478 | .333 | .066 | .418 | .010) |
| 11 | 温度の違いはわかるが、「暑い」とか「寒い」ということが、いま一つわからないことが多い。 | .401 | .177 | .384 | .021 | -.104 |
| (17 | 歩いていても宙を踏んでいるような感じがすることがある。 | .387 | .355 | .254 | .258 | -.114) |
| | **第2因子「有情感喪失」** | | | | | |
| 16 | 何を見てもリアルな感じがしないことがある。 | .239 | .656 | -.026 | .262 | .032 |
| 19 | 風景を見ても、スクリーンのようで、生き生きと感じられない時がある。 | .244 | .592 | .161 | .185 | .051 |
| 41 | 音楽を聴いても音だけ聞こえる感じがしたり、絵を見ても色や形だけ飛び込んでくる感じがしたりして、その音楽や絵の世界が感じられないことがある。 | .104 | .587 | .314 | .066 | .112 |
| 42 | つねったり叩いたりしても、痛いのかどうかよくわからないような時がある。 | .340 | .558 | .326 | -.241 | .043 |
| 45 | 自分の身体を動かしていても、自分が動いている感じがしない時がある。 | .361 | .525 | .272 | -.126 | .241 |
| 27 | 人が何かしているのを見ても、動いているのが目に映るだけで、その人が生きているように感じられない時がある。 | .216 | .504 | .250 | .066 | .056 |
| 23 | 心から笑ったり、怒ったり、泣いたりすることが、あまりない。 | .034 | .493 | .002 | .245 | .296 |
| 39 | 人と話していても、鏡に向かって話しているように感じることがある。 | .308 | .471 | -.053 | .140 | .252 |
| 21 | ドラマを見ていても、一つひとつの場面が目に映るだけで、ストーリーが頭に入らないことがある。 | .053 | .451 | .263 | .111 | .132 |
| 14 | 見慣れた文字が、見知らぬ奇妙な文字に見えてくることがある。 | .039 | .436 | .199 | .170 | .066 |
| 5 | 体験をふりかえっても、それが自分の体験ではないような感じで、本当にあったことではないような気がすることがある。 | .139 | .420 | .036 | .205 | .341 |
| (46 | 親しいはずの相手でも、よく知らない人と同じくらいの親しみしか感じられないことがある。 | .287 | .363 | .208 | .156 | .315) |

表4-1 続き

| 項目番号 | | 第1因子 | 第2因子 | 第3因子 | 第4因子 | 第5因子 |
|---|---|---|---|---|---|---|
| | 第3因子「感覚疎隔感」 | | | | | |
| 48 | そこに何か物があるとわかっていても、身体がそれにぶつかってしまうことがよくある。 | .111 | .059 | .627 | .114 | .168 |
| 33 | 食べていても味がわからないような時がある。 | .241 | .173 | .621 | .061 | -.004 |
| 31 | 何となく、空間の奥行きや、ものの重さが実感できない時がある。 | .281 | .234 | .560 | .237 | -.095 |
| 47 | 昨日何をしていたかも思い出しにくいことがある。 | .068 | .233 | .557 | .119 | .237 |
| 49 | 特に睡眠不足や疲れがあるわけでもないのに、頭が働かないような変な感じがすることがある。 | .170 | .038 | .551 | .235 | .309 |
| 25 | 時間の流れがわからなかったり、季節感が実感されなかったりする。 | .163 | .138 | .523 | .176 | .024 |
| 34 | いつものように行動していても、人形か機械のような感じで、「自分がしている」という実感がない時がある。 | .309 | .280 | .505 | .340 | .174 |
| (32 | 大変な目にあっていても、その「大変さ」がどこかピンとこないことがある。 | .051 | .337 | .384 | .232 | .154) |
| | 第4因子「自他の接点の疎隔感あるいはノエシス面との接点の消失感」 | | | | | |
| 22 | まわりの感じが自分にピタッとこないことがある。 | .071 | .140 | .149 | .621 | .188 |
| 10 | 何かやろう、という気がなくなってしまうことがよくある。 | .199 | .100 | .100 | .608 | .087 |
| 35 | 話を聴いていても、言葉が耳を通り過ぎていくように感じることがある。 | .112 | .200 | .352 | .571 | .138 |
| 36 | 自分とまわりの世界とがうまくつながっていない感じがすることがある。 | .202 | .127 | .308 | .565 | .388 |
| 8 | 連想がまったくわかなくなることがある。 | .180 | .156 | .303 | .432 | -.115 |
| (24 | よく知っている物事なのに、何か初めて体験する、なじみのないことのように感じることがある。 | .163 | .338 | .200 | .367 | .109) |
| | 第5因子「二重意識と自己の連続性の喪失感」 | | | | | |
| 44 | 昔の自分といまの自分が別人のような感じがする。 | .185 | .070 | .209 | -.039 | .770 |
| 38 | その時によって、自分のいろんな面があらわれるので、どれが本当の自分かわからなくなる。 | .119 | .178 | -.026 | .247 | .602 |
| 43 | 自分の中に、考えたり、行動したり、話したりしている自分を、じっと見つめているもう一人の自分がいる。 | .278 | .232 | .098 | .049 | .594 |
| 29 | 思ったことや考えていることを言っていても、本当にそんなことを思ったり考えたりしているのかどうか、よくわからなくなることがある。 | .197 | .198 | .111 | .377 | .480 |
| 30 | まわりの世界が、自分とはまったく関係なく動いているように感じる時がある。 | .288 | .177 | .270 | .347 | .419 |
| | 固有値 | 4.848 | 4.555 | 3.908 | 3.397 | 3.105 |

点の総和を、下位尺度得点とする。

　表4-1には、全43項目からなる離人感尺度の5つの下位尺度が抽出された因子分析結果を示した。なお、離人感得点（総得点）としては用いるが、下位尺度としては用いない5項目については、（　）で括る形で示した。

## 第3節　離人感の高さと存在構造との関係

### 1. 離人感の高さと存在構造の関係についての分散分析

離人感の高さと存在構造の関係を調べるため、まず、調査対象者ごとに、離人感尺度の総得点と、存在構造尺度の「既在的自己」指向性尺度（P尺度）、「未来的自己」指向性尺度（A尺度）、「世間一般性」忌避的自己指向性尺度（A-P尺度）、イントラ・フェストゥム尺度（I尺度）の各尺度得点を算出した。

次に、存在構造尺度の各尺度得点について、中央値によって高群（H）と低群（L）に分け、離人感得点について、「既在的自己」指向性（P）×「未来的自己」指向性（A）×「世間一般性」忌避的自己指向性（A-P）×イントラ・フェストゥム性（I）の4要因2水準の分散分析をおこなったところ、以下の結果が得られた（表4-2、表4-3）。

①「既在的自己」指向性（P）、「未来的自己」指向性（A）、「世間一般性」忌避的な自己指向性（A-P）の主効果が認められ、すべて高群が低群より離人感得点が有意に高かったた（各々、p<.005, p<.0005, p<.0001）。

一方、イントラ・フェストゥム性（I）の離人感の高さに対する主効果は認められなかった。

②「未来的自己」指向性（A）×「世間一般性」忌避的な自己指向性（A-P）の交互作用が認められ（p<.0001）、両高群（HH）、「未来的自己」指向性高群（HL）、「世間一般性」忌避的自己指向高群（LH）が、両低群（LL）に比して、有意に離人感得点が高かった（テューキー法による多重比較）。

③「既在的自己」指向性（P）×「未来的自己」指向性（A）×イントラ・フェストゥム性（I）の交互作用が見られた（p<.005）。具体的には、既在的自己指向性（P）、未来的自己指向性（A）、イントラ・フェストゥム性（I）のすべてが低い場合（LLL）に比べて、

a)「既在的自己」指向性（P）のみが高い場合（HLL）
b)「未来的自己」指向性（A）のみが高い場合（LHL）
c)「既在的自己」指向性（P）と「未来的自己」指向性（A）のみが高い場合（HHL）
d)「未来的自己」指向性（A）とイントラ・フェストゥム性（I）のみが高い場合（LHH）

表4-2　離人感尺度得点（総合、5下位尺度）と存在構造尺度得点（P、A、A-P、I）の分散分析結果［値は平均値（標準偏差）］

| P | 離人感総合 | 存在感喪失 | 有情感喪失 | 感覚疎隔感 | 接点喪失感 | 二重意識 |
|---|---|---|---|---|---|---|
| H (n=124) | 128.2(34.04) | 26.2(9.74) | 26.0(8.82) | 20.8(6.77) | 19.6(4.65) | 14.8(4.90) |
| L (n=107) | 116.4(31.44) | 24.0(8.75) | 23.5(7.51) | 18.2(6.14) | 17.7(5.38) | 14.1(4.82) |
| | F=9.66 p<.005 | | F=6.56 p<.05 | F=11.4 p<.001 | F=9.90 p<.005 | |

| A | 離人感総合 | 存在感喪失 | 有情感喪失 | 感覚疎隔感 | 接点喪失感 | 二重意識 |
|---|---|---|---|---|---|---|
| H (n=117) | 131.5(28.64) | 27.7(9.32) | 26.1(7.88) | 20.5(6.29) | 19.4(4.80) | 16.2(4.07) |
| L (n=114) | 113.7(35.43) | 22.6(8.69) | 23.5(8.57) | 18.6(6.79) | 18.0(5.29) | 12.7(5.04) |
| | F=13.11 p<.0005 | F=13.97 p<.0005 | F=4.52 p<.05 | | | F=24.72 p<.0001 |

| A-P | 離人感総合 | 存在感喪失 | 有情感喪失 | 感覚疎隔感 | 接点喪失感 | 二重意識 |
|---|---|---|---|---|---|---|
| H (n=128) | 133.4(31.72) | 26.9(9.07) | 27.1(8.42) | 21.8(6.60) | 20.0(4.99) | 15.6(4.64) |
| L (n=103) | 109.5(30.50) | 23.0(9.28) | 22.0(7.25) | 16.8(5.49) | 17.1(4.76) | 13.1(4.82) |
| | F=36.73 p<.0001 | F=9.56 p<.005 | F=26.85 p<.0001 | F=38.79 p<.0001 | F=21.10 p<.0001 | F=13.83 p<.0005 |

| A × A-P | 離人感総合 | 存在感喪失 | 有情感喪失 | 感覚疎隔感 | 接点喪失感 | 二重意識 |
|---|---|---|---|---|---|---|
| HH (n=71) | 134.4(29.57) | 27.2(8.89) | 26.9(8.12) | 21.9(6.29) | 19.6(5.16) | 16.4(4.17) |
| HL (n=46) | 127.2(26.88) | 28.3(10.01) | 24.8(7.39) | 18.4(5.73) | 19.2(4.22) | 15.8(3.93) |
| LH (n=57) | 132.2(34.45) | 26.4(9.36) | 27.4(8.84) | 21.6(7.03) | 20.6(4.76) | 14.6(5.03) |
| LL (n=57) | 95.2(25.47) | 18.8(5.89) | 19.7(6.32) | 15.5(4.98) | 15.5(4.57) | 10.9(4.34) |
| | F=15.46 p<.0001 | F=15.27 p<.0001 | F=7.41 p<.01 | | F=12.81 p<.0005 | F=8.34 p<.005 |
| 多重比較 | HH, HL, LH>LL | HH, HL, LH>LL | HH, HL, LH>LL | | HH, HL, LH>LL | HH, HL, LH>LL |

| P × A × I | 離人感総合 | 存在感喪失 | 有情感喪失 | 感覚疎隔感 | 接点喪失感 | 二重意識 |
|---|---|---|---|---|---|---|
| HHH (n=43) | 138.8(28.31) | 29.8(9.44) | 27.3(8.89) | 21.7(5.96) | 20.5(4.00) | 16.8(3.87) |
| HHL (n=23) | 127.4(32.29) | 25.8(9.08) | 26.7(7.58) | 19.9(7.18) | 20.9(5.57) | 15.0(4.44) |
| HLH (n=23) | 114.9(33.63) | 21.9(8.80) | 22.7(8.62) | 21.0(7.99) | 18.6(4.35) | 12.1(5.23) |
| HLL (n=35) | 124.6(38.98) | 24.8(9.93) | 26.0(9.43) | 20.0(6.71) | 18.4(4.45) | 14.1(5.24) |
| LHH (n=34) | 125.2(26.85) | 26.3(9.81) | 23.9(6.97) | 19.4(6.00) | 19.5(5.55) | 16.1(4.28) |
| LHL (n=17) | 131.5(26.85) | 27.4(7.89) | 26.9(6.90) | 20.5(6.45) | 19.2(4.98) | 16.3(3.57) |
| LLH (n=19) | 116.8(30.28) | 24.3(7.62) | 24.4(6.95) | 18.5(5.90) | 16.4(4.73) | 13.3(4.38) |
| LLL (n=37) | 101.1(32.74) | 20.1(7.36) | 21.2(8.04) | 15.8(5.66) | 14.6(4.73) | 11.7(4.93) |
| | F=8.42 p<.005 | F=7.44 p<.01 | F=6.19 p<.05 | | | F=5.85 p<.05 |
| 多重比較 | HHH, HHL, HLL, LHH, LHL>LLL | HHH>HLH, LLL | HHH>LLL | | | HHH, HHL, LHH, LHL>LLL　HHH, LHH, LHL>HLH |

尺度

《存在構造尺度》
P：「既在的自己」指向性
A：「未来的自己」指向性
A-P：「世間一般性」忌避的自己指向性
I：イントラ・フェストゥム性

《離人感尺度》
総合：離人感
第1因子：存在感喪失
第2因子：有情感喪失
第3因子：感覚疎隔感
第4因子：接点喪失感（自他の接点の疎隔感あるいはノエシス面との接点の消失感）
第5因子：二重意識（二重意識と自己の連続性の喪失感）

e)「既在的自己」指向性(P)、「未来的自己」指向性(A)、イントラ・フェストゥム性(I)のすべてが高い場合(HHH)

に有意に離人感が高い(テューキー法)。

一方、「既在的自己」指向性(P)とイントラ・フェストゥム性(I)のみが高い場合(HLH)や、イントラ・フェストゥム性(I)のみが高い場合(LLH)には、離人感の高さに有意な差が見られなかった。

## 2. 分散分析結果のまとめ

総合的な離人感の高さについて、存在構造の種類の主効果と交互作用のすべての結果を、以下に総合的に整理して述べる。

①離人感の高さには、「既在的自己」指向性(P)、「未来的自己」指向性(A)、「世間一般性」忌避的自己指向性(A-P)が関係する。

②「未来的自己」指向性(A)が高い場合は、「既在的自己」指向性(P)、「世間一般性」忌避的自己指向性(A-P)、イントラ・フェストゥム性(I)の高低の如何にかかわらず、基本的に離人感が高い。

③「既在的自己」指向性(P)が単独で高い場合は、離人感が高い。

④「世間一般性」忌避的自己指向性(A-P)が単独で高い場合は、離人感が高い。

⑤イントラ・フェストゥム性(I)の高さは、少なくとも単独では、離人感の高さに関係しない。基本的に、イントラ・フェストゥム性が「未来的自己」指向性(A)と共に高い場合は、離人感が高いが、「既在的自己」指向性(P)と共に高い場合は、離人感と関係が認められない。

これらの結果は、第3章における理論的検討で、いずれの場合においても離人感そのものは生じうるが、アンテ・フェストゥム性とポスト・フェストゥム性のどちらに軸足がある場合でも、離人感そのものは生じうるという点を支持している。ただし、理論的検討においては、その軸足をどちらに置いているかによって、それぞれの離人感の性質が異なる可能性が示唆されている。

また、「未来的自己」指向性(A)の高さは、他の構造の高低によらず、いかなる

場合においても、離人感の高さと結びついているという結果は、離人感を本質的にはアンテ・フェストゥム性のものと捉える、木村敏の理論を支持するものと言える。ただし、同じように離人感が高い場合でも、どの存在構造が軸足に選ばれるかや、存在構造のバランスのあり方によって、離人感の性質が異なる可能性が示唆される。この点については、第4節で検討する。

さらに、イントラ・フェストゥム性(I)の低さと離人感の高さに関係が見られず、生々しい根源的自発性の感覚に乏しいと離人感を感じやすいといった関係があるわけではないことが明らかになった。この点は、かつてのウェルニッケ学派の学説や、現代の一般的価値観に見られる、離人感を"リアリティを感じる力の欠如・減弱"に由来するという捉え方を否定する結果と言える。ただし、根源的自発性にまつわる感覚のうち、自記式の意識されうるレベルでの反応に関しての知見であるため、より意識されにくい心理過程についてのデータも得て、検討する必要がある。

## 第4節　離人感の質と存在構造との関係

### 1. 離人感の質と存在構造の関係についての分散分析結果

離人感の質と存在構造の関係を調べるため、まず、離人感尺度の5つの下位尺度得点を、調査協力者ごとに算出した。次に、《存在感喪失》、《有情感喪失》、《感覚疎隔感》、《自他の接点の疎隔感あるいはノエシス面との接点の消失感》、《二重意識と自己の連続性喪失感》の各下位尺度得点について、「既在的自己」指向性(P)×「未来的自己」指向性(A)×「世間一般性」忌避的自己指向性(A-P)×イントラ・フェストゥム性(I)の4要因2水準の分散分析をおこない、以下の結果を得た(表4-2、表4-3)。

1)《存在感喪失》(第1因子)

①「未来的自己」指向性(A)、「世間一般性」忌避的自己指向性(A-P)の主効果が認められ、いずれも高群が低群より《存在感喪失》得点が有意に高かった(各々、$p<.0005$, $p<.005$)。

②「未来的自己」指向性 (A) ×「世間一般性」忌避的自己指向性 (A-P) の交互作用が認められ (p<.0001)、「未来的自己」指向性 (A)、「世間一般性」忌避的自己指向性 (A-P) のいずれかあるいは両方が高い場合 (HH, HL, LH) に、両方が低い場合 (LL) に比して《存在感喪失》得点が有意に高かった (テューキー法)。

③「既在的自己」指向性 (P) ×「未来的自己」指向性 (A) ×イントラ・フェストゥム性 (I) の交互作用が認められた (p<.01)。具体的には、「既在的自己」指向性 (P)、「未来的自己」指向性 (A)、イントラ・フェストゥム性 (I) のすべてが高い場合 (HHH) が、「既在的自己」指向性 (P) とイントラ・フェストゥム性 (I) のみが高い場合 (HLH) と、すべてが低い場合 (LLL) に比して《存在感喪失》得点が有意に高かった (テューキー法)。

### 2)《有情感喪失》(第2因子)

①「既在的自己」指向性 (P)、「未来的自己」指向性 (A)、「世間一般性」忌避的自己指向性 (A-P) の主効果が認められ、いずれも高群が低群より《有情感喪失》が有意に高かった (各々、p<.05, p<.05, p<.0001)。

②「未来的自己」指向性 (A) ×「世間一般性」忌避的自己指向性 (A-P) の交互作用が認められ (p<.01)、「未来的自己」指向性 (A)、「世間一般性」忌避的自己指向性 (A-P) のいずれかあるいは両方が高い場合 (HH、HL、LH) に、両方が低い場合 (LL) に比して《有情感喪失》が有意に高かった (テューキー法)。

③「既在的自己」指向性 (P) ×「未来的自己」指向性 (A) ×イントラ・フェストゥム性 (I) の交互作用が認められた (p<.05)。具体的には、「既在的自己」指向性 (P)、「未来的自己」指向性 (A)、イントラ・フェストゥム性 (I) のすべてが高い場合 (HHH) に、すべてが低い場合 (LLL) より《有情感喪失》が有意に高かった (テューキー法)。

### 3)《感覚疎隔感》(第3因子)

「既在的自己」指向性 (P)、「世間一般性」忌避的自己指向性 (A-P) の主効果が認められ、いずれも高群が低群より《感覚疎隔感》が有意に高かった (各々、p<.001, p<.0001)。

### 4)《自他の接点の疎隔感あるいはノエシス面との接点の消失感》
（以下、《接点消失感》）（第4因子）

①「既在的自己」指向性（P）、「世間一般性」忌避的自己指向性（A-P）の主効果が認められ、いずれも高群が低群より《接点消失感》が有意に高かった（各々、p<.005、p<.0001）。

②「未来的自己」指向性（A）×「世間一般性」忌避的自己指向性（A-P）の交互作用が認められ（p<.0005）、「未来的自己」指向性（A）、「世間一般性」忌避的自己指向性（A-P）のいずれかあるいは両方が高い場合（HH、HL、LH）に、両方が低い場合（LL）に比して《接点消失感》が有意に高かった（テューキー法）。

### 5)《二重意識と自己の連続性喪失》
（以下、《二重意識・連続性喪失》）（第5因子）

①「未来的自己」指向性（A）、「世間一般性」忌避的自己指向性（A-P）の主効果が認められ、いずれも高群（H）が低群（L）より《二重意識と自己の連続性喪失》が有意に高かった（各々、p.<0001、p<.0005）。

②「未来的自己」指向性（A）×「世間一般性」忌避的自己指向性（A-P）の交互作用が認められ（p<.005）、未来的自己指向性（A）、世間一般性忌避的自己指向性（A-P）のいずれかあるいは両方が高い場合（HH、HL、LH）に、両方が低い場合（LL）に比して《二重意識・連続性喪失》が有意に高かった（テューキー法）。

③「既在的自己」指向性（P）×「未来的自己」指向性（A）×イントラ・フェストゥム性（I）の交互作用（p<.05）が認められた。具体的には、「既在的自己」指向性（P）、「未来的自己」指向性（A）、イントラ・フェストゥム性（I）のすべてが高い場合（HHH）か、「既在的自己」指向性（P）と「未来的自己」指向性（A）が高い場合（HHL）、未来的自己指向性（A）とイントラ・フェストゥム性（I）が高い場合（LHH）、未来的自己指向性（A）のみが高い場合（LHL）が、すべてが低い場合（LLL）より《二重意識・連続性喪失》が有意に高かった（テューキー法）。また、いずれも高い場合（HHH）か、未来的自己指向性（A）とイントラ・フェストゥム性（I）が高い場合（LHH）、未来的自己指向性（A）のみが高い場合（LHL）については、既在的自己指向性（P）とイントラ・フェストゥム性（I）が高い（未来的自己指向性（A）が低い）場合（HLH）よ

## 第4章　木村敏の離人症論の再検討

表4-3　離人感の質と存在構造の関係についての分散分析結果のまとめ

| | P | A | A-P | I | A×A-P | P×A×I | |
|---|---|---|---|---|---|---|---|
| 総合：離人感 | ○ | ○ | ○ | | HH, HL, LH>LL | HHH, HHL, HLL, LHH, LHL>LLL (PAI低)<br>↓<br>：HHH, HHL, LHH, LHL (Aが高い場合すべて) | >LLL |
| | | | | | | HLL (Pのみ高), HHH, HHL (PAが高い場合すべて) | >LLL |
| | | | | | | HHH, LHH (AIが高い場合すべて) | >LLL |
| 第1因子：<br>存在感喪失 | | ○ | ○ | | HH, HL, LH>LL | HHH (PAI高)<br>〃 | >LLL (PAI低)<br>>HLH (PI高・A低) |
| 第2因子：<br>有情感喪失 | ○ | ○ | ○ | | HH, HL, LH>LL | HHH (PAI高) | >LLL (PAI低) |
| 第3因子：<br>感覚疎隔感 | ○ | | ○ | | | | |
| 第4因子：<br>自他の接点の疎隔<br>感あるいはノエシ<br>ス面との接点の消<br>失感 | ○ | | ○ | | HH, HL, LH>LL | | |
| 第5因子：<br>二重意識と自己の<br>連続性の喪失感 | | ○ | ○ | | HH, HL, LH>LL | HHH, HHL, LHH, LHL (A高)<br>HHH, LHH (AI高)<br>LHL (Aのみ高) | >LLL (PAI低)<br>>HLH (PI高・A低)<br>>　〃 |

凡例
○：主効果 (H>L)　P：「既在的自己」指向性　A：「未来的自己」指向性
A-P：「世間一般性」忌避的自己指向性　I：イントラ・フェストゥム性

りも、《二重意識・連続性喪失》が有意に高かった (テューキー法)。

　以上の通り、離人感尺度の下位尺度である5因子が捉えうる離人感の種類と、存在構造尺度で捉えうる4つの存在構造との関係についての分散分析結果をまとめて示した。次に、これらの結果から読み取れることを検討していくことにする。

## 2. 離人感の質と存在構造との関係①
### ——青年期における離人感の共通項 (全体的傾向)

離人感尺度の5つすべての下位尺度得点について、「世間一般性」忌避的な自己

指向性 (A-P) の主効果が見られたことから、「世間一般性」忌避的な自己指向性は、青年期後期の離人感の全体的特質と言える。

「世間一般性」忌避的自己指向性においては、獲得される自己が「世間一般性」を帯びることは「他ならぬ」自己であることが脅かされることになる。そのため、世間一般の価値観を、自己ではない「他」として排除することで、自律性や主体性を得ようとする。したがって、「世間一般性」忌避的自己指向性が高い場合、①世間一般的な価値観に囚われてしまうことが、自己を呑み込み見失わせるものとして忌避され、世間一般的価値観から自己を切り離すことで、自己を成立させようとする傾向が強い、と言える。しかし、②それは、自己の自律性や主体性を追求し、自己を成立させようとする動きであるはずなのに、逆説的に"世間の中に生きた自己として位置づけることの困難さ"としての離人感を生んでいると考えられる。

また、③このことは、世間的価値観を単に排除するだけではなく、世間的価値観との間で自己をつかんでいくことで、自己体験のリアリティが得られるという方向性を示唆的に含んでいると考えられる。他ならぬ自己をより純粋につかんでいくことは、他としての世間的価値観と自己の価値観とをより精緻に切り分けていくことを含んでいる。そのことは、同時に、世間と自己をよりよくつかむことにつながり、心理的次元における自と他が重みと実感をもって成立していくことにつながることを示唆していると考えられる。このように見ていくと、青年期の離人感は、世間的価値観と自己の価値観との関係をどのようにつかむかや、他者との間や社会の中で自己をどう生かし、どうつかみ、他者との間や社会の中で自己をどのように発揮していくか、他者や社会あるいは他者性とどのように関係をもつかという、心理的自立のテーマと表裏一体的に深く関わっていると言える。

その意味で、「世間一般性」忌避的自己指向性が、青年期後期の離人感全体に関わるという点は、たいへん興味深い。いわゆる親や共同体の価値観への反抗的態度、非行、不登校、ひきこもり等の問題や、一見、常識から外れていると捉えられがちな性質等を考える上で、アプローチのヒントになりうると考えられる。

## 3. 離人感の質と存在構造との関係②
### ――青年期における離人感のタイプと質的相違

5種類の離人感と4種類の存在構造との関係において、「未来的自己」指向性 (A) の主効果が見られた離人感と、「既在的自己」指向性 (P) の主効果が見られた離人感とに分かれたことから、次のように、離人感のタイプを分けることができる。

### 1）未来的自己指向性（A）親和的な離人感
### ――《存在感喪失》と《二重意識と自己の連続性喪失》

アンテ・フェストゥム的な「未来的自己」指向性 (A) と関わりが深い離人感は《存在感喪失》(第1因子) と《二重意識と自己の連続性喪失》(第5因子) であった。

第3章においておこなった、アンテ・フェストゥム構造の尖鋭化による離人感の理論的検討を確認しつつ、今回の結果と照らして再検討してみよう。

アンテ・フェストゥム構造のうち「未来的自己」指向性は、自己の実現を未来的次元におき、獲得しようと求める傾向である。ノエシスが、自己の源であるノエシス自身を捉えようとすること自体が、未知の"未来的"な自己に向かうことであり、それを先取ろうとすることである。そのような、根源的自発性の刻々と移ろういま・ここのいとなみの内に"より純粋な未来的自己を求める"点に、自己の自己たるべき「心の軸足」を置いていると言える。このあり方が尖鋭化することは、自己の内的差異を追究し、より純粋な自己を果てしなく追い求める動きが強まることであり、それは、逆説的に、ノエシスが自己限定するに足るノエマを生むことを困難にする。そのため、ノエシス的自己がつかみきれず、離人感を生むと考えられる。

こうした離人感の性質は、自己の存在の基盤となる自他差異化により、「他ならぬ」自己でありうるか否かを問うものとなる。そして、いま・ここに他ならぬ自己として存在しうるのか・存在しえているのかを問うものとなる。そこで感じられている中身にあたるのが《存在感喪失》であると言える。

そして、他ならぬ自己をつかもうとして尖鋭化した、ノエシスという自己のおおもとがノエシス自身をより純粋に自他差異化して捉えようとする、いわば自己体験の根本に問いを向ける自己のはたらきの意識が《二重意識》であると言えよ

う。また、その中で、その都度の現在において刻々と微細に異なる自他のノエマが、不連続に生み出し続けられ、ノエシス的自己とその方向性が得られない感覚が《自己の連続性の喪失感》であると言える。

こうした「未来的自己」指向性に軸足を置くあり方は、自己の中に、純粋には自己といえないような他者性に常に敏感であり、「自己の他者化」の怖れを背後にもっているため、いつまでたっても自己が獲得されないような、自己の基盤感の薄さのような感覚が生じうる。そのような性質の自己不確実感が《存在感喪失》《二重意識と自己の連続性の喪失感》といった離人感には含み込まれていると考えられる。そこには、自己というものの基盤そのものを疑い、問う姿勢がある。

ここで"問う"というのは、意識的な問いだけをさすのではない。ノエシスがノエシス自身をつかもうとするいとなみそのもの、すなわち、自他未分の次元から自他が切り分けられ、ノエマやそれに伴うノエシス感覚として意識にのぼってくるまでに、自ずとおこなわれている、メタノエシス的はたらきそのものが、既に「他ならぬ自己である」ことと「他ならぬ自己がある」ことをめぐる問いそのものなのである。

逆に言えば、《存在感喪失》《自己の連続性の喪失感》と《二重意識》という離人感は、心理的次元における自己存在にまつわる根源的なリアリティの《喪失》として体験されるけれども、そこには、何も生じていないわけではなく、むしろ、無自覚のうちに積極的すぎるほどに、より純粋な自己を差異化してつかもうとするはたらきが動いているという"ポテンシャル"が含まれていると言える。

## 2)「既在的自己」指向性（P）親和的な離人感
——《感覚疎隔感》と《自他の接点の疎隔感とノエシス面との接点の消失感》

ポスト・フェストゥム的な「既在的自己」指向性（P）と関わりが深い離人感は、《感覚疎隔感》（第3因子）と、《自他の接点の疎隔感とノエシス面との接点の消失感》（第4因子）であった。

第3章においておこなった、ポスト・フェストゥム構造の尖鋭化による離人感の理論的検討を確認しつつ、今回の結果を踏まえて再検討してみよう。

ポスト・フェストゥム構造のうち、「既在的自己」指向性は、現在完了態的次

元に自己を置き、これまで世間との間で生きて獲得してきた自己の基本路線から外れることを恐れる傾向である。これが尖鋭化することは、ノエシスがノエシス自身を差異化し捉えていく際に、既に自己として捉えたノエマ（像）が、自己なるものの基準となる傾向が強まるということである。それゆえ、ノエシスを差異化し自己限定するメタノエシスのはたらきが、より純粋な自他差異化に向かうよりは、既在的な自己のノエマ化に傾く。つまり、これまでの既存の自己像を再生産する動きが強まるわけである。

　このように、自他差異化と自己限定のあり方に固定化が生じると、例えば"それまで自己として捉えられてこなかった面が、新たに他と切り分けられ、自己としてつかまれる"といった新たな自己更新に向けての動きが鈍くなる。ノエシスのその都度の現在における環界との間で移ろいつつある、変容のポテンシャル（この点に自己の軸足を置くのがアンテ・フェストゥム性である）に対する反応性が低くなり、その都度の新たな自己の獲得からは遠ざかる。それは、ノエシスという根源的自発性が、ノエシス自身の新たな自他差異化へのポテンシャルよりも、既在的なノエマのほうが優先されるあり方である。それは、いわば、既に自己ではなくなりつつある自己像にしがみつくあり方であり、「他者の自己化」を孕んでいる。こうしたあり方によって、これまでの自己イメージに縛られ、自己を動かす力や自分の中にわきあがるものとの接点を見失い、これまでの自己のノエマにすら実感という手ごたえが失われるような性質の離人感が生まれると考えられる。今回、生命感の消失感などの《ノエシス面との接点の消失感》、《自他の接点の疎隔感》、身体を通しての外界との接点における味覚・触覚的意味をめぐる《感覚疎隔感》が、「既在的自己」指向性の高さと関係が見られたことは、この理論的検討を支持するものと言える。

　したがって、これらの《ノエシス面との接点の消失感・自他の接点の疎隔感》や《感覚疎隔感》は、先に述べたようなアンテ・フェストゥム的な「自己の他者化」という自己の成立の危機は問われないが、根底に「他者の自己化」を孕んでおり、そのため、自己としての実感を失いながらも、自己の存在はどこか自明なものとして感覚される。これは、アンテ・フェストゥム構造と関わる離人感が自己の根本的な喪失として体験されるのとは、質が異なると考えられる。

### 3）離人感の質的スペクトラム

ここまで、「未来的自己」指向性（A）の主効果が見られた離人感と、「既在的自己」指向性（P）の主効果が見られた離人感とについて、存在構造論をもとに筆者が敷衍した理論による仮説を検証するとともに、両者の性質の違いについて考えてきた。

このうち、《存在感喪失》《有情感喪失》《二重意識と自己の連続性喪失感》については、「未来的自己」指向性（A）×「既在的自己」指向性（P）×イントラ・フェストゥム性（I）の交互作用が見られた。これら3つの存在構造のバランスによって、離人感の高さが異なるだけでなく、離人感の質も異なってくると考えられる。離人感はどのような質的スペクトラムをもちうるのかについて、以下に整理して検討する。

#### a）既在的自己指向性（P）、未来的自己指向性（A）、イントラ・フェストゥム性（I）のすべてが高いタイプ（HHH）

これら3つがすべて高い場合（HHH）に、それら3つが低い場合（LLL）より、《存在感喪失》《有情感喪失》《二重意識と自己の連続性喪失感》が高かった。このことについて考えてみよう。

木村の離人症論は、イントラ・フェストゥム構造の突出に伴うアンテ・フェストゥム構造の尖鋭化を前提としている。イントラ・フェストゥム構造は、根源的自発性のその都度の現在におけるはたらきに即自的なあり方であるため、体験そのものは没我的と言える。その没我的体験を、全くの没我によって捉えられない場合もあれば、没我しつつそれを同時的あるいは事後的に自覚しうる場合もあると考えられる。

その点、このa）タイプは、イントラ・フェストゥム的な根源的自発性のいとなみの体験に自覚があるタイプと言える。自他未分の根源的自発性のいとなみ自体に、没我的に入り込み、浸り込むことで、そのいとなみ自体を識っていくような、言葉にならない次元の体験が生まれると考えられる。それが、ノエシスがノエシス自身をつかむいとなみである。そのいとなみの中に、そのような、明瞭にはつかみがたい、体験そのものが、何等かの水準で自覚されている場合にあたる

と言える。

　そして、このタイプの場合、その自覚がある分、それを捉えようとする、アンテ・フェストゥム的な「未来的自己」指向性のはたらきである、ノエシスの自他差異化が促進される。その筆舌に尽くしがたい性質を捉えても捉えても追いつかないために、自他差異化の動きが尖鋭化する。一方で、このタイプは、ポスト・フェストゥム的な「既在的自己」指向性も高いということは、その捉えがたいものを、何等かの形でつかんでもいる。ただし、その差異化にあたって、既に手垢のついたイメージで捉えるため、いま・ここでノエシスが体験しつつあることを、新鮮に捉えることが叶わない。

　そもそも、自他差異化によって新たな自己をつかむという動き自体、その捉えどころのなさを何とか実感しようと、ノエマ的自己として確かなものとしてつかもうとする動きであり、そこに束の間でも安住しようとする心の動きなのかもしれない。しかし、つかんだはずのノエマが、刻々と根源性から遠ざかっていくことの自覚も同時に生じうると考えられる。安住を許さないような、根源的自発性のいま・ここ性と変容性があり、それをより純粋につかもうとする動きが生じ、だからこそ、つかんでもつかんでも安住できない、という事態が生じるのだと考えられる。

　木村敏の離人症論は、イントラ・フェストゥム構造の突出に基づくアンテ・フェストゥム構造の尖鋭化によって説明され、今回の結果もそれを基本的に支持するものと言えるが、そこにポスト・フェストゥム構造がどのように寄与するかについては彼の論では検討されていない。ポスト・フェストゥム構造の関係する離人感はそれとは別の性質のものであることが簡単に触れられているにとどまっている。

　この点について、a) タイプは、"これまでシェア可能なものとして実現されつかんできた既在的自己" も "自己" として重要視しているタイプではある。しかし、既在的自己に心の軸足を置く場合に生じうる「他者の自己化」の危機に対して、既在的自己にしがみつくことでは安住できず、自己の動的構造を生み出すノエシスのいとなみに開かれ (I)、ノエマ的自己からノエシス性が失われていくような、いわば自己の空洞化といった事態にも、新たな未知の自己の予感にも敏感 (A) で

あるタイプと言える。しかし、これは、"自己の動的構造"のいとなみの自覚面そのものとも言え、このタイプにおける離人感は、まさしく、健常群における離人感の一つの典型と言えるのではないだろうか。この点は、古くから諸家によってたびたび指摘されている、青年期には一定以上の割合で離人感が体験されうるという先行知見に対する説明として捉えることができる。

　このようにして、イントラ・フェストゥム性と「未来的自己」指向性だけでなく、「既在的自己」指向性も高い場合も、結局は全体として、ポスト・フェストゥム的な連続性よりも、アンテ・フェストゥム的な自他差異化への動きが尖鋭化する、ということが生じうると言える。これによって、心的自己存在にまつわるズレやギャップへの意識が高まり、ズレに自ずと心的まなざしを向けてしまうことが《二重意識》であり、自他差異化を重ねても重ねても、自己の本質をつかめないような感覚、自己のノエマがノエシス的自己として獲得されず、存在の基盤が失われるような感覚や、手をすり抜けていくような感覚が《存在感喪失》や《自己の連続性喪失》であり、一瞬一瞬の体験にノエシス性が伴わず、自己のものとして体験を生きる感覚を渇望するのが《有情感喪失》と言える。

### b)「未来的自己」指向性（A）とイントラ・フェストゥム性（I）が高いタイプ（LHH）

　「未来的自己」指向性（A）とイントラ・フェストゥム性（I）が高い場合に、《二重意識と自己の連続性喪失感》が高かった。このことについて考えてみよう。

　a)のタイプの説明で触れたように、木村の離人症論はイントラ・フェストゥム構造の突出にともなうアンテ・フェストゥム構造の尖鋭化を前提としているが、「未来的自己」指向性（A）とイントラ・フェストゥム性（I）が高いこのb)タイプは、それにまさしく相当すると言える。

　イントラ・フェストゥム（I）の高さはノエシス的な根源的自発性の突き上げが強く、ノエシスが自他差異化されずに意識にのぼる傾向が強いことを示している。それはアンテ・フェストゥム的なノエシスの自他差異化のはたらきを超えているということでもある。そのために、アンテ・フェストゥム的なはたらきが促進される。しかし、本来、主客未分な性質のノエシス的自発性が自らをより自他差異化しようとする動きが強まるほど、逆説的に差異化は困難となる。ノエシス

のはたらき自体が、自他差異化に向かう性質のものであり、それはすなわち、「未来的自己」指向性の動きが促進され、空回りしている状態であり、根源的自発性の感覚そのものは自覚されたとしても、体験はどこか圧倒的なのにとらえどころがない、という体験となると考えられる。a)のタイプとは異なり、b)のタイプは、「既在的自己」指向性(P)は高くなく、"これまで他者との間でシェア可能な自己を実現してきた"という実感が乏しいか、自己として重要視していないタイプである。つまり、b)は、どこかで言葉にならない"実感のもと"を感じているものの、それを捉えきれないと感じる、というギャップに《二重意識と自己の連続性喪失感》を感じているタイプと言える。

c)「未来的自己」指向性(A)と「既在的自己」指向性(P)が高いタイプ(HHL)

「未来的自己」指向性(A)と「既在的自己」指向性(P)が高い場合に、《二重意識と自己の連続性喪失感》が高かった。

このタイプ(HHL)は、「既在的」な"これまで周りとの間で自己を実現しつかんできた"という感覚も強い一方で、"それだけが自己ではない""まだ本当の自己をつかんでいない"といった「未来的自己」の感覚も強いというように、既在的自己と未来的自己の間で引き裂かれており、そのために《二重意識と自己の連続性喪失感》が生じていると考えられるタイプである。a)やb)のタイプとは異なり、イントラ・フェストゥム的な、言葉にならないノエシスの突き上げといった、根源的自発性の感覚の自覚は乏しいタイプと考えられる。

d)「未来的自己」指向性(A)のみ高いタイプ(LHL)

「未来的自己」指向性(A)のみ高い場合に、《二重意識と自己の連続性喪失感》が高かった。

このタイプ(LHL)は、a)やb)のタイプとは異なり、ノエシスの突き上げといった、イントラ・フェストゥム的な、根源的自発性の感覚の自覚は乏しく、これまでの自己といったノエマ的自己に安住しようとするポスト・フェストゥム的な姿勢も乏しい。まさしく、実感や確かさのようなリアリティの感覚が得られない、いわば純粋な離人感タイプと言える。上述のa)、b)、c)のタイプはいずれも、

それぞれ質の異なる、内的自己のギャップの"自覚"をもつと考えられ、それが《二重意識と自己の連続性喪失感》につながっていると考えうる。一方、このd)タイプの離人感は、それらとは異なり、まだノエシスを伴う形では感覚されておらず、b)タイプのように、言葉にならない"実感のもと"を感じているというわけでもない、より不明確な「未来的自己」のかそけき予感のようなものを探し求めているような性質の《二重意識と自己の連続性喪失感》なのではないかと考えられる。

また、《有情感喪失》については、「未来的自己」指向性(A)、「既在的自己」指向性(P)の両方と関係が見られた。「リアルさ」や「生き生きした感じ」の喪失は、アンテ・フェストゥム的な《二重意識》による疎隔によっても、ポスト・フェストゥム的な「既在的自己」によるメタノエシス面の固定化によりノエシス面が自己の相で捉え難くなった事態としても生じうる。《有情感喪失》は、そのリアルさや生き生きした感じから「自己性」と「馴染み」の感覚が失われるものであり、概念的には、アンテ・フェストゥム性とポスト・フェストゥム性の両方が関わるものと考えられる。ただし、実際には、それらの両方を兼ね備えた体験から、どちらかにより軸足を置いた体験まで幅がありうる。それらの質的に異なる体験が、同じ言語表現をとっている可能性も示唆される。

## 第5節　結論

木村敏の存在構造論の視点から、青年期の離人感について質問紙法により検討してきた。その結果、次のことが明らかにされた。

①「世間一般性」忌避的自己指向性(A-P)が青年期の離人感全体に関わる。

②青年期の離人感は、「未来的自己」指向性(A)に関わるものと「既在的自己」指向性(P)に関わるものに大きく二分される。前者は《存在感喪失》《二重意識と自己の連続性喪失》であり、「他」と「他ならぬ自己」の成立を常に問いつづけ、

それらを成立させるはたらきであるノエシス面を追求することで生じる離人感と言える。後者は《感覚疎隔感》《自他の疎隔と自己の産出面との疎隔》であり、メタノエシス面のはたらきが既在的自己としてのノエマ化に傾き固定化されることにより、ノエシス面とその自他差異化によるノエマ面との間にズレが生じることでおこる離人感と言える。

　前者は、"自己であるか否か"という自己の成立の根本的な喪失が問われる、統合失調症親和的な離人感と言える。後者はズレがありながらもノエシス面が自己化されるという「他者の自己化」を孕む、うつ病親和的な離人感といえ、自己の成立は自明のものであるという点で、前者とは質的に異なると考えられる。すなわち、青年期の離人感には、上に述べたような、統合失調症親和的な離人感と、うつ病親和的な離人感の、2つの質的に異なるタイプがあると考えられる。

　なお《有情感喪失》については「未来的自己」指向性（A）と「既在的自己」指向性（P）の両方が関わる結果が得られたが、質の異なる体験が同じ言語表現をとっている可能性もあり、検討が望まれる。

　③イントラ・フェストゥム性は、単独では離人感の高さに影響をもたないが、他の存在構造とのバランスによって離人感の高低に関わる。

　今後の展望としては、今回の結果の中で、離人感が高い場合に、イントラ・フェストゥム性が高い場合と低い場合があることが示されたが、今後は両者の関係や体験の質の異同についてのアプローチが必要であろう。加えて、従来、抑うつ感情というラベルが貼られてきた体験の中には、《感覚疎隔感》《自他の疎隔と自己の産出面との疎隔》といったポスト・フェストゥム性と深く関わる、うつ病親和的な離人感も入っている可能性が示唆される。今後、《有情感喪失》を含め、これらのうつ病親和的な離人感と抑うつ感情との質的な差異についての検討が必要と思われる。

　また、今回の研究は、便宜上、症状としての「離人感」と、個人における主体としての自己が、自身や環界との関わりにおいて自己自身を捉え直すはたらきにおける「基本的存在構造」との関係を調べるという形をとったが、自己の成立に

向けてのいとなみは、単にその人の中だけで生じていることではなく、主体が主体自身と環界に関わる出会いの場において生じていることでもある。よって、心理アセスメントや心理療法の場でのクライエントの語りは、その人の心の世界をクライエントの心の目で紡いだものという側面と、治療者との間、面接の場において生じていることを、意識的ないし無意識的に捉えたものという側面がある。そこで「離人症」的エピソードが語られる時、それは単にクライエントの症状や体験という側面とともに、面接の場という主体が何らかの"離人症"状態にあるということをも示していると思われる。したがって、今回の研究における、「基本的存在構造」との関係によって「離人感」の質を見る視点は、面接の場という主体そのものの陥っている視座の孕んでいる問題の質と、その"離人症"が本来めざそうとしていることを見通すためのヒントとなりうるものと考えられ、そういった視点からのさらなる研究を進めることが必要と思われる。この点に関して、第5章でとりあげ検討することとする。

# 第5章 心的現実感と「心の視点」を捉える風景構成法による心理アセスメント

## 第1節　離人感というポテンシャル

　ここまで、離人感のメカニズムを、心的次元における自己の成立とその体験的リアリティの生成のメカニズムとして描き直し、自己を支える心の軸足の違い、および、そこに潜在している自己の自己性をめぐる問いの性質の違いについて、理論的・実証的検討を進めてきた。第4章では、離人感尺度の作成と質問紙調査を通じて、青年期における離人感の特徴と、離人感と存在構造との関係について明らかにした。

　ただし、第4章で得られた知見は、質問紙で測定しうる意識可能な範囲の心的態度についての知見という限界がある。「どのような体験や態度が意識されているのか」という点も重要であるが、離人感の問題は、普段はあまり意識されていない過程を含めて検討する必要があろう。この問題について、離人感をどう捉えるかという点に立ち戻って、あらためて考えてみよう。

　第4章において、筆者は、木村敏の離人症論を存在構造論の視点から再検討し、離人症とは「ノエシス面の自他差異化への動きが、逆説的にその自己限定を困難にすることで尖鋭化したメタノエシス面の機能不全により、ノエシス面が捉え損なわれている事態」として新しく再定義した。この点について、簡単に振り返っておく。

　自己のおおもとは「ノエシス」すなわち、自他未分化な生成力・自発力であり、このノエシス自身が、一瞬一瞬、自と他を区別し、「ノエマ」すなわち像として

ノエシス自身を自己限定し、捉え直し続けることでその都度の現在おける「自己」が成り立つ。この、ノエシスがノエシス自身を捉えようとする面を「メタノエシス面」と呼ぶ。しかし、ノエシス面が自らを精緻につかもうとすればするほど、生まれるノエマ面はノエシス面にとっては常につかみ切れない不全なものとなる。そのため、ノエシスの自己限定がなされにくく、ノエシス自身を捉えきれない状態に陥り、自己や他者・外界がリアルに体験されない、という逆説が生じる。

この観点を突きつめると、離人感は、自らを捉えるメタノエシス面のはたらきが「停止」しているといった静的な事態なのではなく、むしろ、メタノエシス面が過剰なほどに自らを捉えようとするために起こる、動的な事態なのだということが見えてくる。

つまり、離人症とは、単なるリアリティの欠如態ではないのではないだろうか。メタノエシス面による自己限定が、どのようになされ、どのように「捉え損なわれている」のかによって、体験のリアリティの質は変化する。それ自体が自己の変化である。リアルだったものがリアルでなくなる。そこには、自己の、ノエシス面のノエシス面自身に対するズレが生じている。それはもう既にそれまでのリアルな自己を超えたものが生じつつあることを感じとっている証でもある。このように考えると、離人症とその体験面である離人感とは"何かある"のに"まだうまく捉えられない"という体験自体のリアリティと言えるのではないだろうか。

離人感は、一見、自己や他者や世界のリアリティが失われている体験、といった、いわば"喪失状態"の静的な体験として捉えられがちであるけれども、むしろ、知らず知らずのうちに、自己がこれまでの自己を超えつつある、既に一歩踏み出すような心の動きが生じつつあるという動的な事態なのではないだろうか。いわばそのような移行体験のリアリティが離人感として体験されているのではないだろうか。

このような、まだ意識の正面で自覚するに至っていないような、移行過程にある心の動きを捉えるには、基本的に意識されている範囲の心的内容を対象とする質問紙調査では不十分である。特に、そのような、言葉になる以前の次元の心的把握のあり方やその動きを捉えるには、投映法が適していると考えられる。

加えて、離人感というリアリティの質は、"メタノエシス面による見え方、関

わり方"の反映としてのノエマ面をもとに探ることが可能であると考えられ、適したアプローチとして、風景構成法の構成型を捉える観点があげられる。この点について以下に検討したい。

## 第2節 メタノエシス面のあり方の特徴へのアプローチとしての風景構成法の構成型

### 1. 風景構成法

風景構成法（The Landscape Montage Technique；以下、LMT）は中井久夫によって創案された描画法の一つであり、見守り手が描き手の目の前で用紙にペンで枠を描いて渡し、見守り手が唱えるごとに川→山→田→道→家→木→人→花→動物→石と順に加え、あとは描き手が必要に応じて加筆するなどして一つの風景になるように描いてもらい、クレパスで彩色してもらうものである。

中井（1972）は、LMTの過程を、ロールシャッハ・テストやなぐり描き法の「投影的過程」と対照的に特徴づけ、「構成的過程」としている。

投影的過程は、インクブロットや描線によって、奥行や地平を欠いた前ゲシュタルト的な性質が誘導され、「投影」によって相似的な前ゲシュタルトの中から一つのゲシュタルトを選択する過程である。記号学的には同義語の中から一つを選ぶ事態という意味で「パラディグマ」的過程と呼ぶ。

これに対し、LMTの特徴とされる「構成的過程」は、外枠の存在によって中心－周辺、上－下、左－右と構造化されている用紙空間に、距離を本質的要素の一つとして、相補的なものの中から相依相待的に一つの全体を「構成」すべく選択していく過程である。これは、主語や述語、補語などを集めて文をつくる際の選択と同様、「シンタグマ」的な過程としている。

加えて、各技法は詳しく見れば構成的性質と投影的性質の両方の複合的な過程であり、LMTの彩色段階は投影的性質を帯びているとされる。

### 2. LMTの構成とメタノエシス面のあり方

しかし、さらに詳しく見れば、LMTの過程は、シンタグマ的な線画構成段階

においても、パラディグマ的な投影的要素が含まれると考えられる。「川」と教示されて描画者は或る川の像を選択産出する。ここで、自らの中に川の像が生まれる段階そのものはパラディグマ的過程と言える。この川の像が全体の空間の中に位置づけられ表現される段階がシンタグマ的過程と言える。中井 (1992) も、川で「整合性への指向の強さと優先性とが試されている」と述べている。つまり、徐々に現れるであろう風景をある程度見越して、一つの全体を構成すべく空間の中に位置づけていくシンタグマ的な傾向が問われるというわけである。

このことを存在構造論の観点から、より細かく見てみよう。「川」と教示を受け、描画者のノエシス面が自他差異化によって、相似の中の一つを選び取り、自らの「川」のノエマすなわち像を生む。このいとなみはノエシス面におけるパラディグマ的過程と言える。そして、ノエマ面を得ることでノエシス面は「ノエシス的自己」を獲得する。言い換えれば、「川」のノエマが、いわば"主体"をもちはじめるわけである。

この時、ノエマ面がより具体的なイメージとして生まれ、ノエシス面の自他差異化が精緻であればあるほど、その「川」がどんな川でどんな風にどういう所を流れているのかといった、新たなノエマ面を生む可塑性を孕んだ統合性への動きが生じ、全体像に向けての方向性が生まれる。これがノエシス面のシンタグマ的過程と言える。

このような、ノエシス面が自らをノエマ化することを通して、ノエシス自身をつかみなおし、自らのまだ見ぬ方向性をも与えていくはたらきの側面は「メタノエシス」面と言える。つまり、「構成」のあり方は、「メタノエシス」面のあり方の反映に他ならない。

こうした、ノエシス面のノエマ化による自己限定というパラディグマ的いとなみと、メタノエシス面による統合的把握と方向付けというシンタグマ的いとなみは、同時的に生じている過程であり、一つの動きの二側面と言える。ノエシス面のパラディグマ的過程とシンタグマ的過程の質が、メタノエシス面のあり方とも言えよう。それは、ノエシス面が、自らを捉える時に、どのように見え、どのように見えていないか、さらにどう見ようとしているか、という「視点」そのものと言えよう。

このように考えてくると、LMTの「構成」のあり方に、「メタノエシス面」のあり方、すなわち、ノエシス面が自らを見る「視点」のあり方を見て取ることができるのではないだろうか。

## 3. LMTの構成に関する研究
### ——高石の「構成型」

LMTの構成に関する研究としてはまず、高石 (1988a, 1996; 宮脇, 1985) の「構成型」があげられる。後述するように「自我の視点のあり方」という側面から見たものである。多田 (1996) は高石の分類の一部について下位分類を試みている。他に、弘田・長屋 (1988) の臨床的指標と発達的指標を加味した、より大まかな「構成度」の評価基準があるが、中身としては高石の分類の一部にほぼ含まれる。また、皆藤 (1994) が発達的見地からの仮説として提示した「構成段階」は高石と共通する部分も多く、より細分化・明確化された部分もあり興味深い。

ここでは、メタノエシス面のあり方を探る方法的観点として、構成を「視点」のあり方という観点から整理した高石の分類をとりあげる。

高石の「構成型」は、もとは「構成段階」と呼ばれ、「自我の視点のあり方」の発達という観点による探索的研究 (宮脇, 1985; 高石, 1988a) によりⅠ～Ⅶの7段階を抽出したものであった。うちⅠ～Ⅳは発達に従いほとんど見られなくなるが、Ⅶに収束せず、大学生に至ってもⅤ～Ⅶに分布することから、「段階」というより「視点のあり方の個性の型」として捉えたほうが適当であるとの考えに基づき、「構成型」(高石, 1996) と改められている。

高石 (1996) は、「自我」を「人間のあらゆる心理的活動の主体であり、さまざまな本能的衝動や欲求や意志をコントロールし、統合する機能をもつ」ものとする。自我の「視点」は「ものを見るときの自我の座」を指し、自らの位置を見ていることに相当するとしている。

木村においては、衝動や欲求や意志が生じるはたらき自体はノエシス面であり、それをコントロールし統合するとは、それを自他差異化し自らの衝動や欲求や意志として捉え直すことを意味する。それは、これまで論じてきた通り、意識されうる範囲を超えたいとなみである。高石が、描画するいとなみを通して捉えよう

とする「視点」とは、ノエシス面がノエシス面自身を捉え直すはたらきである「メタノエシス面」にほぼ相当すると考えられよう。つまり、LMTの構成には、個々の視点のあり方すなわちメタノエシス面のあり方が反映されると考えられる。

高石は、①大景群の統合度、②視点の定位度、③遠近感の有無、④立体的表現の有無を基に構成型を抽出し、各型の分類基準を表5-1のように示している(ただし、"小景"の語を中井に倣い"近景"に改めた)。これを「視点」に関して概観する。

Ⅰ～Ⅳはアイテムを「正面」から見た「多視点」による平面的表現である。高石(1996)によれば、自我と対象の距離が小さい近視的視点のため、要素ごとに別個の図式で表現され、全体としては、複数の視点を移動しながら描いた部分視の合成となるため、要素間の位置関係は曖昧になる。

Ⅴでは「視向」(皆藤, 1994)すなわち「視点の向き」が「上方」「正面」の2つに分

表5-1　風景構成法の構成型と分類基準(高石, 1996)(ただし、一部表記を改変)

| | | |
|---|---|---|
| Ⅰ. | 羅列型 | 全要素ばらばらで、全く構成を欠く。 |
| Ⅱ. | 部分的結合型 | 大景要素同士ばらばらだが、大景要素と他の要素(中景・近景)とが、一部結びつけられている。基底線の導入が認められることもある。 |
| Ⅲ. | 平面的部分的統合型 | 大景要素と他の要素の結びつきに加えて、大景要素同士の構成が行われている。しかし、それは部分的な結合にとどまり、「空とぶ川」「空とぶ道」などの表現が見られる。彩色されていない空間が多く残り、宙に浮いた感じが特徴的である。視点は不定で、複数の基底線が使用されている。遠近・立体的表現はない。 |
| Ⅳ. | 平面的統合型 | 視点は不定多数だが、視向はおおむね正面の一方向に定まり、すべての要素が一応のまとまりをもって統合されている。しかし、遠近・立体的表現は見られず、全体として平面的で貼りついたような感じが特徴的である。奥行きは上下関係として表現されている。 |
| Ⅴ. | 立体的部分的統合型 | 視向が正面と真下(あるいは斜め上方)の2点に分かれ、部分的に遠近法を取り入れた立体的表現が見られる。しかし、大景要素間でも立体的表現と平面的表現が混在し、全体としてはまとまりを欠く分裂した構成になっている。「空からの川」など画用紙を上下に貫く川の表現が特徴的であり、その川によって分断された左右の世界が、二つの別々の視点から統合されていたりする。鳥瞰図や展開図的表現が見られることもある。 |
| Ⅵ. | 立体的統合型 | 視点・視向とも、斜め上方あるいは正面の1点におおむね定まり、全体が遠近・立体感のあるまとまった構成になっている。しかし、「平面的な田」「傾いた家」など一部に統合しきれない要素を残している。 |
| Ⅶ. | 完全統合型 | 一つの視点から、全体が遠近感を持って、立体的に統合されている。 |

かれ、各々の視向から見られた風景が分裂したまま強引に統合される。Ⅳまでのパラディグマ過程主体の視点の中に急激にシンタグマ的過程が生じている。高石(1996)は上方からの視点の出現を「固定された一つの視点から風景全体を見渡し、統合する」試みとしての遠視的視点であり、自我の対照的把握につながりうる要因として論じている。

Ⅵは「ほぼ1視向・1視点」からの三次元的な遠近・立体的表現の中に部分的に未統合のアイテムを残す。Ⅶは「ほぼ1視点」からの「透視図法（線遠近法）」的で整合的な立体的表現である。

# 第3節　離人感と高石の構成型との関係

以上の点を踏まえ、LMTの構成のあり方にメタノエシスのあり方が表現されるという観点に立ち、離人感とLMTの構成のあり方との関係についての調査を通して、離人感特有のメタノエシスのあり方の特徴を検討する。

## 1. 本調査の手続き
### 1）調査協力者
大学生1・2回生231名（男子85名、女子143名）がつとめた。平均年齢19.140歳、標準偏差1.036歳（男子19.435歳、1.190歳、女子19.965歳、0.891歳）であった。

### 2）材料
a) A4判白色画用紙1枚、黒インクのサインペン1本、25色のクレパス

集団法での実施にあたり、画用紙にはあらかじめ、黒インクのサインペンでフリーハンドの枠線をつけた。

風景構成法の実施にあたっては、見守り手が描き手の目の前で、用紙にペンで枠をつけるという枠づけ法によって、見守り手が描き手との間で、保護された空間と表現する場を枠づける関係性を結んでいく手続きが重要視されている。集団法でおこなう場合に、この関係性の要素を生み出す工夫については、下記の「手続き」で述べる。

b) 離人感尺度

　離人感について測定しうると考えられる43項目からなり、各項目について、自分の体験に照らして「全然あてはまらない」から「かなりあてはまる」まで1～6の6段階で評定してもらう自記式の尺度。

　この尺度は、諸家による離人症論や離人症に関する臨床記述をもとに作成し、概念妥当性の検討および、項目分析と因子分析を経て得られた項目からなり、因子分析の結果得られた、①「存在感喪失」、②「有情感喪失」、③「感覚疎隔感」、④「自他の接点の疎隔感あるいはノエシス面との接点の消失感」、⑤「二重意識あるいは自己の連続性の喪失感」の5つの下位尺度からなる。

　5つの下位尺度はすべて「世間一般性」忌避的な自己指向性すなわち世間一般性を避け排除することで自分であろうとする傾向と関わる。加えて、①「存在感喪失」と⑤「二重意識あるいは自己の連続性の喪失感」は、木村の存在構造論におけるアンテ・フェストゥム（以下、アンテと略）構造に含まれる、「未来的自己」指向性すなわち「本来の自分は今・ここになく、未知の次元にある本当の自分を追い求める傾向」と関わる。さらに③「感覚疎隔感」と④「自他の接点の疎隔感あるいはノエシス面との接点の消失感」は、ポスト・フェストゥム（以下、ポストと略）構造に含まれる「既在的自己」指向性、つまり「今までの自分こそが自分で、自分の路線を外れて自分でなくなることを恐れる傾向」と関わる。②「有情感喪失」は「未来的自己」指向性と「既在的自己」指向性の両方と関わることが明らかとなっている（第4章参照）。

3）手続き

　集団法により、同一の調査協力者に、風景構成法を施行した後、離人感尺度の質問紙を施行した。調査協力の依頼にあたっては、調査協力にまつわる意思決定を本人の自由意思によっておこなえるよう留意するとともに、本人のありのままの心的態度に基づく回答や心的表現が可能になるよう留意し、意思決定に必要な、調査や倫理的配慮に関する情報について、結果に影響しない範囲で、文書と口頭にて説明をおこなった。その上で、本人の自発的な参加意思を確認された場合に実施した。

LMTを施行する際、本来は一対一で、施行者が目の前で用紙に枠どりをすることで、描き手との間に心的な作業同盟と作業空間を創り出す意味がある。今回は集団法であるが、なるべくこの意味を創り出すべく、調査協力者の目の前で黒板に描いた用紙空間にフリーハンドで枠をつけ、用紙の枠線が施行者によって今つけられた、というイメージをもってもらう方法をとり工夫した。教示は次の通りである。

「画用紙には、予め、私がこのように（黒板に画用紙を描き、枠線をひいてみせる）枠をつけています。これから風景の絵を一枚描いていただきます。描いてもらうものを一つずつ言いますので、それを一つずつペンでこの枠の中に描いていって、最後に一つの風景になるように描いて下さい」

教示の了解を確認後、LMTを施行し、完成した人から質問紙に回答してもらった。

## 2. 高石の構成型の視点によるLMTの分析

離人感の高さとLMTの構成型との関係について検討するため、まず、231名のLMTを高石の構成型の分類基準によって分類した結果、Ⅰ型が0名、Ⅱ型が1名、Ⅲ型が2名、Ⅳ型が5名と、Ⅰ～Ⅳ型はごく少なく併せて8名であった。Ⅴ型は35名、Ⅵ型は107名と最も多く、Ⅶ型は81名であった。

この結果に基づき、Ⅰ～Ⅳを平面的表現のカテゴリとしてまとめ、4カテゴリとした。離人感得点を中央値で高群と低群に分け、離人感の高低によって4カテゴリの分布に差があるか、$2 \times 4$の$\chi^2$検定をおこなった。その結果、度数分布に有意な差は見られなかった（$\chi^2(3) =4.442, p=.218$）。

この、Ⅰ～Ⅳが非常に少なく、ほとんどがⅤ～Ⅶに分布するという結果は、高石(1996)の大学生を対象とした結果に近いが、離人感に関連する特徴は、高石の構成型によっては見出せなかった。元来、自我発達的な視点から生まれたため、各型の特徴は発達上の節目の意味合いも大きく、離人感に特徴的な視点のあり方は、こうした発達上のそれとは異質なものであると考えられる。

加えて、多田（1996）も指摘しているように、大学生のLMTを高石の分類基準で見ると、VIが他の型に比して幅が広くなった。つまり、VIの分類基準にあてはまるものも多く存在する一方、厳密にはあてはまり難いものも多く、一つの型として扱うことの妥当性に疑問が生じた。

## 第4節　新たな構成型

### 1. VIについての新たな分類基準の検討

　第3節の結果を踏まえ、高石の分類に内包されている観点を洗い直し、構成型の分類とその基準について整理し直すとともに、従来の高石分類におけるVIの基準「部分的に統合しきれない《アイテム》を残す」には厳密にはあてはまりにくい描画の特徴を精査することで、その視点のあり方の特徴を捉えうる、新たな分類基準を抽出し、従来のVIとは別の型として設定した。

　なお、分類基準の明確化にあたって、臨床心理学を専攻する大学院生3名に、分類基準を説明するとともに、個別に描画の分類を依頼し、結果を照合したところ、8〜9割の一致率が見られた。不一致の描画については、分類時の判断基準を尋ね、判断基準に誤解があった場合は説明後にあらためて再分類を求めることで基準を確認した。また、より精緻な弁別の視点が報告された場合は、その視点を分類軸全体と照合し、判断基準そのものの精緻化をおこなった。それらの過程を経て、最終的な分類基準による分類の一致率は100%に達した。

### 2. 新たな分類基準VI'

以上の手続きを経て、新たな分類基準VI'を次の通り設定した。

「ほぼ1方向に定まった視向から遠近的・立体的表現をもって風景が描かれているが、部分的に統合しきれない《空間》あるいは《微妙な空間のズレ・分裂》を残すもの」という共通点を有する型

具体的な下位類型としては以下の3分類が含まれる。

Aタイプ：近景と遠景が一つの空間にも見えるし、微妙に2つの地平にも見えるような統合のされ方（例えば、三次元的な遠近法による近景から、遠景になるにしたがって二次元的な積み上げ遠近法になるといった、地平の混乱、しばしば近景と遠景の境目を空白でごまかす、など）。

Bタイプ：部分ごとの空間はそれぞれ三次元的に統合されているが、全体としては、いわば夢のようなつながり方で、空間に微妙なズレがあり、未統合、などが含まれる。

Cタイプ：近景では一つの風景としてまとまっているが、遠景になるにしたがって、左右の空間が微妙に分裂している（左右の地平線がずれてくるなど）ような統合のされ方。

　これまで述べてきたように、高石の「構成型」は、もともと自我発達の段階を反映した「構成段階」を想定していたという成立過程の性質上、やはり「段階」的性質も含まれている。従来のⅥにおける「アイテム」の未統合は、その「アイテムの空間」が未統合であると考えた場合、この新たな基準による型は従来のⅥよりやや前段階とも捉えうる。一方で、高石の「構成段階」は、成人に至っても各カテゴリの出現がⅦに収斂していくわけではないため、「段階」よりも視点のあり方の「型（タイプ）」と捉えることが妥当とし「構成型」と改められている経緯があることを考えると、単なる段階を示すカテゴリというだけでない、質的特徴を含んでいる可能性がある。

　したがって、今回新たに抽出した、新しい構成型についても、構成の表現に含まれている心的観点に着目し、段階性とタイプとしての質的特徴の両方を吟味する必要がある。よって、この新たな段階基準を、便宜上、Ⅵ'と設定し表記することにする。なお、これまで発表してきた論文中では、高石が「段階」性の観点から命名したⅠからⅦまでのカテゴリをそのまま「型」の名称に採用していることから、Ⅵ−と表記してきたが、今回、これを、「段階」性とそれだけでない新たな性質を含みうる「型」とを併せもつ名称として、Ⅵ'と改めた。

## 第5節　新たな分類基準による構成型と離人感との関係

### 1. 離人感得点（総合得点）の高さと新しい構成型VI'との関係

このVI'を含めた基準によって分類した結果、高石分類でVIに分類された107名が、新しい分類ではVI'が51名、VIが56名に分かれた。

この分類結果に基づき、I〜IVをまとめ、5カテゴリとした。離人感得点の高群と低群による5カテゴリの分布の偏りについて、2×5の$\chi^2$検定をおこなったところ、有意差が見られた（$\chi^2(4) =9.972, p<.05$）。残差分析の結果、離人感群におけるVI'の出現率が有意に高い（表5-2）。

VIとは異なり、VI'は離人感の高さと関係が深い型であることが明らかとなった。つまり、VI'は、VIのような"ほぼ世界が手中におさまっていながら部分的に統合しきれない"型とは質が異なる。この点については、次の下位尺度得点との関係の観点からさらに検討する。

### 2. 離人感の質（下位尺度）と新しい構成型VI'との関係

離人感の「質」と新しい分類基準による構成型VI'との関係について調べるために、次の点について検討した。

まず、離人感尺度の5つの下位尺度、すなわち、《存在感喪失》《有情感喪失》《感覚疎隔感》《自他の疎隔感あるいはノエシス面との接点の消失感》《二重意識および自己の連続性の喪失感》の得点ごとに、それぞれ中央値で分けた高群（H）と低群（L）における、VI'を含む構成型5カテゴリの出現率について、2×5の$\chi^2$検定をおこなった。次に、離人感尺度の各下位尺度得点をもとに高群・低群に分け、構成型ごとの出現率について、2×2の$\chi^2$検定をおこなった。これらの分析により以下の結果を得た（表5-2）。

#### 1)《存在感喪失》

《存在感喪失》得点の高群・低群における、5つの構成型の出現率の偏りについて検討したところ、《存在感喪失》高群におけるVI'の出現率が有意に高く、VIIが有意に低い傾向が見られた（$\chi^2(4) =7.872, p<.10$）。

また、構成型ごとの出現率の偏りについて検討したところ、《存在感喪失》高群におけるⅥ'の出現率が有意に高く（$\chi^2(1)=6.271, p<.025$）、Ⅶの出現率が有意に低かった（$\chi^2(1)=4.546, p<.05$）。

### 2)《有情感喪失》

《有情感喪失》得点の高群・低群における、5つの構成型の出現率については、5％水準で有意な偏りが見られた（$\chi^2(4)=12.001, p<.02$）。残差分析の結果、《有情感喪失》高群におけるⅥ'の出現率が有意に高く（$\chi^2(1)=6.271, p<.05$）、Ⅶが有意に低かった（$\chi^2(1)=4.545, p<.05$）。

### 3)《感覚疎隔感》

《感覚疎隔感》の得点の高群・低群における、5つの構成型の出現率については、有意な偏りは見られなかった。

### 4)《自他の疎隔感あるいはノエシス面との接点の消失感》

《自他の疎隔感あるいはノエシス面との接点の消失感》得点の高群・低群における、5つの構成型の出現率の偏りについては、高群におけるⅠ～Ⅳの出現率が有意に高い傾向が見られた（$\chi^2(4)=7.918, p<.10$）。

一方、《自他の疎隔感あるいはノエシス面との接点の消失感》得点の高群・低群における、各構成型の出現率の偏りについて検討したところ、高群におけるⅠ～Ⅳの出現率が有意に高かった（$\chi^2(1)=3.906, p<.05$）。

### 5)《二重意識および自己の連続性の喪失感》

《二重意識および自己の連続性の喪失感》得点の高群・低群における、各構成型の出現率の偏りについて検討したところ、《二重意識および自己の連続性の喪失感》高群におけるⅥ'の出現率が有意に高かった（$\chi^2(1)=9.659, p<.01$）。

表5-2 VI'を含む構成型の度数(人)×離人感得点・下位尺度得点の$\chi^2$検定結果および残差分析結果
(※各型の出現率の$\chi^2$検定結果を付記)

総合得点〈離人感〉

| 構成型 | H | L | 計 | 残差分析 | ※各型の出現率の$\chi^2$検定 |
|---|---|---|---|---|---|
| I～IV | 4 | 4 | 8 | | n.s. |
| V | 16 | 19 | 35 | | n.s. |
| VI' | 38 | 18 | 56 | H > L | $\chi^2(1)=9.659, p<.01$ |
| VI | 23 | 28 | 51 | | n.s. |
| VII | 34 | 47 | 81 | | n.s. |
| | 115 | 116 | 231 | | |

$\chi^2(4)=9.972, p<.05$

第1因子〈存在感喪失〉

| 構成型 | H | L | 計 | 残差分析 | ※各型の出現率の$\chi^2$検定 |
|---|---|---|---|---|---|
| I～IV | 4 | 4 | 8 | | n.s. |
| V | 17 | 18 | 35 | | n.s. |
| VI' | 37 | 19 | 56 | H > L | $\chi^2(1)=6.271, p<.05$ |
| VI | 27 | 24 | 51 | | n.s. |
| VII | 34 | 47 | 81 | H < L | $\chi^2(1)=4.545, p<.05$ |
| | 119 | 112 | 231 | | |

$\chi^2(4)=7.872, p<.10$

第2因子〈有情感喪失〉

| 構成型 | H | L | 計 | 残差分析 | ※各型の出現率の$\chi^2$検定 |
|---|---|---|---|---|---|
| I～IV | 4 | 4 | 8 | | n.s. |
| V | 14 | 21 | 35 | | n.s. |
| VI' | 39 | 17 | 56 | H > L | $\chi^2(1)=8.831, p<.01$ |
| VI | 29 | 22 | 51 | | n.s. |
| VII | 35 | 46 | 81 | H < L | $\chi^2(1)=4.206, p<.05$ |
| | 121 | 110 | 231 | | |

$\chi^2(4)=12.001, p<.02$

第3因子〈感覚疎隔感〉

| 構成型 | H | L | 計 | 残差分析 | ※各型の出現率の$\chi^2$検定 |
|---|---|---|---|---|---|
| I～IV | 3 | 5 | 8 | | n.s. |
| V | 18 | 17 | 35 | | n.s. |
| VI' | 34 | 22 | 56 | | n.s. |
| VI | 27 | 24 | 51 | | n.s. |
| VII | 42 | 39 | 81 | | n.s. |
| | 124 | 107 | 231 | | |

$\chi^2(4)=2.148, n.s.$

第4因子〈自他の接点・ノエシス　残差分析　※各型の出現率の $\chi^2$ 検定
　　　　面との接点の消失感〉

| 構成型 | H | L | 計 | | |
|---|---|---|---|---|---|
| Ⅰ～Ⅳ | 7 | 1 | 8 | H＞L | $\chi^2(1)=3.906, p<.05$ |
| Ⅴ | 16 | 19 | 35 | | n.s. |
| Ⅵ' | 35 | 21 | 56 | | n.s. |
| Ⅵ | 23 | 28 | 51 | | n.s. |
| Ⅶ | 42 | 39 | 81 | | n.s. |
| | 123 | 108 | 231 | | |

$\chi^2(4)=7.918, p<.10$

第5因子〈二重意識・自己の連続　残差分析　※各型の出現率の $\chi^2$ 検定
　　　　性の喪失感〉

| 構成型 | H | L | 計 | | |
|---|---|---|---|---|---|
| Ⅰ～Ⅳ | 5 | 3 | 8 | | n.s. |
| Ⅴ | 15 | 20 | 35 | | n.s. |
| Ⅵ' | 38 | 18 | 56 | | $\chi^2(1)=4.634, p<.05$ |
| Ⅵ | 28 | 23 | 51 | | n.s. |
| Ⅶ | 42 | 39 | 81 | | n.s. |
| | 128 | 103 | 231 | | |

$\chi^2(4)=6.327,$ n.s.

## 第6節　離人感と新しい分類基準による構成型との関係についての総合的考察

### 1.《有情感喪失》《存在感喪失》《二重意識および自己の連続性の喪失感》とⅥ'およびⅦとの関係

　以上の結果から、Ⅵ' は《存在感喪失》、《有情感喪失》、《二重意識および自己の連続性の喪失感》の高さと関係があることが明らかとなった。Ⅵ' という構成型には、これらの離人感を生むメタノエシス面の特徴が含まれていると考えられる。

　既に見てきたように、これら3つの離人感はいずれも、アンテ・フェストゥム的な「未来的自己」指向性と親和性が高く、常に自己がありうるか否かへの疑いの眼差しを向けるあり方と関係すると考えられる。Ⅵ' の「一見まとまっているが、部分的に統合しきれない空間や、微妙な空間のズレ・分裂を有する」という特徴はこの種の離人感のリアリティを示していると考えられる。

　一見まとまっている中にある微妙なズレや分裂の存在は、ノエシス面が方向づ

けられノエマ化しうるものの、どこかノエマ化しきれないところを残すメタノエシス面のあり方を示している。見方をかえれば、「まだ明確に捉えられないまでも『よりぴったりくる何かがある』ことをどこかで感じ取っている」ということでもあろう。このことは、《存在感喪失》や《有情感喪失》が高い場合にⅦの出現率が高くないという点とも符合する。

　Ⅶの基準の雛形はルネサンス期の「透視図法（線遠近法）」である。この図法は、それまでの中世的な教会の価値観で対象を見るのでなく、その方法をとれば誰でも対象を等身大に映し出して見ることができるという視点の獲得を意味し、対象をどこからどんな角度で見るかという、見る主体の正確な位置の認識の成立という画期的な意義をもっていた (Panofsky, 1924; 小山, 1992, 1996; 若桑, 1992)。

　一方、Ⅵ'に含まれるものは、「透視図法」の後のバロック期にかけて出現する、透視図法の画面に統一されえない異次元空間や無限空間、奇妙な視点等が持ち込まれる「マニエリスム」に近い。これは透視図法的なリアリティがもはやリアリティを失い始めた不安な時代に、透視図法に象徴されるものの見方に反逆し、説明しがたいものや自らの観念の中に新たな真実を求める動きから生じてきたものであるという (若桑, 1992)。

　このような、図法そのものを生み出している心的な背景を考慮すると、Ⅶの視点の志向するリアリティは、可能な限り自分の見ようとするものを正確に捉えようという意志のもとに追求される、いわば万人に共有可能な次元のリアリティと言えよう。一方、Ⅵ'では、Ⅶの世界にリアリティを感じることができず、Ⅶとは全く別次元の、誰と共有するものでもない、あくまで主体的な次元のリアリティが追求されているのだと言える。したがって、Ⅶを志向するⅥと、このⅥ'とは、その根本的な視点のあり方が異なることが考えられる。

　Ⅵ'を設定した時点では、型とはいえ、Ⅶを志向するⅥの一歩手前としての「段階」性をもちうる可能性も視野に入れていたわけだが、Ⅵ'の「空間のズレ・分裂のあり方」には、むしろ主体的な新たな次元のリアリティ、さらなるリアリティの獲得に向けてのノエシス面の努力のあり方という積極的な意味が見出せる。それが、離人感というリアリティのもつ意味と言える。

　他方、《有情感喪失》は、アンテフェストゥム的な「未来的自己」指向性とポス

ト・フェストゥム的な「既在的自己」指向性の両方と結びつく離人感である。これは、有情感喪失そのものが他の離人感と性質の異なるものであるということを意味するのか、有情感喪失と呼ばれる体験に2種類あるということなのかは、今の段階では明らかではない。この点については、今後、データを重ねて検討する必要がある。

## 2.《自他の疎隔感あるいはノエシス面との接点の消失感》とⅥ' およびⅠ～Ⅳとの関係

Ⅵ' は、《感覚疎隔感》や《自他の接点の疎隔感あるいはノエシス面との接点の消失感》といったポスト・フェストゥム的な「既在的自己」指向性と親和性の高い離人感とは関係が見られなかった。むしろ、《自他の接点の疎隔感あるいはノエシス面との接点の喪失感》の高さは、Ⅰ～Ⅳの出現率との間に関係が認められた。ただし、Ⅰ～Ⅳの出現率そのものは低いので、《自他の接点の疎隔感あるいはノエシス面との接点の喪失感》が高い人の全体的特徴として捉えることには慎重である必要がある。しかし、そもそも青年期後期の大学生においては出現率が低いとされるⅠ～Ⅳが、特定の離人感の性質と結びついて見られること自体は注目に値する。

《自他の接点の疎隔感あるいはノエシス面との接点の喪失感》は、従来の「既在的」「世間的」な自己をノエマ化しようとして、ノエシス面が固定化することでおこる離人感であり、他者や自己内部と "関係" していく発動力のようなものを見失っているように感覚されるものと考えられる。青年期後期におけるポスト・フェストゥム性は、成人期以降のそれとは異なり、児童期以前に取り入れてきた親や共同体の価値観に心の軸足を置くあり方と考えられる。こうした軸足が揺らぐことで離人感が生じるということは、むしろ、かつて拠り所としていた親や共同体の価値観からの脱却の動きが生じつつあることをも示していると言える。

一方、Ⅰ～Ⅳは「構成段階」としては、世界の構成要素一つひとつをパラディグマ的につかみ、それら相互の "関係" を一つひとつつかみ、二次元表現の範囲で一つの世界として構成するまでのステップに相当し、三次元の "垂直軸" が出現する以前の段階である。「既在的」・「世間的」自己指向性に軸足を置きながら、

そのような「自己」や「世間」との間に触れられなさのようなものを感じる離人感が高い場合に、世界の構成要素をつかみ直すかのようなⅠ〜Ⅳの出現が見られることは、たいへん興味深い。

# 第7節　Ⅵ'の下位分類に含まれる心的観点

　Ⅵ'は、本章第4節の「Ⅵについての新たな分類基準」で述べたように、「統合しきれない空間のズレ・分裂」を共通項としてもちつつ、AタイプからCタイプまでの3つの下位分類を含んでいる(表5-3)。これらの下位分類における微妙な質的差異、特に、各下位分類の内包する心的観点の共通性と相違性を明らかにしていくことは、言語表現では区別のつきがたい体験のリアリティの質を見分ける観点につながりうる。この点について、以下に検討したい。

### 1. Ⅳベースの発展型（Aタイプ）

　この型は、以下に述べるように、Ⅳの発展形として見ることができる。ほぼ1視向からの風景であるが、近景と遠景が"一つの空間"にも見えるし、微妙に"2つの地平"にも見える、つまり近景と遠景とがつながっているようでいて、不連続性も孕んでいるように見える統合のあり方である点に、風景構成上の特徴がある。特に、以下の点で、近景と遠景の不連続性が見られる。

　①まず、Aタイプにおける描画空間の性質を捉えるにあたり、大景群の構成のあり方の特徴について見てみると、道あるいは川が、「枠」を基底線として、"水平"方向に描かれ、それによって、"近景と遠景が分かたれ"、"奥行方向を貫通するものが出現しない"点が一つの特徴である。

　例えば水平方向に走る道に、奥行方向に流れる川が出現する場合であっても、道と川が"交差"するような表現自体がほとんど見られない。それに近い表現自体の頻度も高くはないが、あったとしても、何等かの理由で、川の流れが道を貫通せず、遠景において道の付近まで流れるか、道の付近から近景の領域のみを流れるように描かれる、といった特徴がある。

第5章 心的現実感と「心の視点」を捉える風景構成法による心理アセスメント

表5-3 風景構成法の新しい構成型：VI'とその3つの下位分類

### VI'（Aタイプ）IVベースの発展型

枠依存
タテ貫通なし
奥行を空白化

ほぼ1視向だが、
近景と遠景が"1つの空間"にも、
"2つの地平"にも見える。

- 川か道で上下2分割
- 近景は遠近法
- 川・道を基底線に積み上げ
- 遠景との境が空白

### VI'（Bタイプ）Vベースの発展型

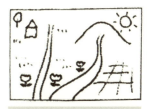

川・道パラレル表現
奥行を無限化

ほぼ1視向
近景は統合
遠景になるにつれ、左右の地平のズレ
（地平線が不明瞭）
左右ごとの空間は三次元的統合

- 川・道タテ貫通

### VI'（Cタイプ）VIベースの分裂型

衝動性（自発性）への
ひきずられやすさ
分けることでの立て直し
位置づけ直し

ほぼ1視向
近景は統合
遠景になるにつれ、左右の空間分裂
（地平の大幅なズレ）
左右ごとの空間は三次元的統合

- 川or道が空から斜め貫通
- 川・道の斜線が基底線になりやすい
  →水平線を無理矢理つくる

※VI'は、ほぼ1方向に定まった視向から遠近的・立体的表現をもって風景が描かれているが、部分的に統合しきれない《空間》あるいは《微妙な空間のズレ・分裂》を残すもの

②上に述べた①のような構成の中で、近景は三次元的な"遠近法"的表現である一方、遠景への移行領域において、二次元的な"積み上げ遠近法"になるといった、地平の混乱が見られる。つまり、二次元平面に三次元を投射して表現する際、タテ方向において、奥行性と垂直性とを表現することが必要となるところ、手前の近景においては、奥行とは区別された垂直性を表現していたにもかかわらず、遠景においては、奥行性と垂直性が混成されてしまう。

　例えば、"道を歩く人"を表現する際、一般的な三次元表現であれば、"道"を2本の線で表現した場合、その"2本の線の間"、つまり"道の中"に、"人が垂直性をもって立ち、歩く"様子が表現される。しかし、このAタイプにおいては、"道"が"水平"に描かれ、道の2本線の"上側の線上に積み上げる形で人が描かれる"点に特徴がある。つまり、道の2本線の"上側の線"が"基底線"となり、あたかも、道の積木の上に、人の積木を載せるかのように描かれるわけである。

　この点においては、Ⅳに見られる、積みあげるように描くことによる奥行表現と、積み上げることによる垂直性の視点とその表現の萌芽との同居という特徴と共通している。

　一方、例えば、道の2本線よりも奥の領域に、道の描線から離れた位置に人が描かれ、"道の向こう側のエリアを歩く人"が表現されるといった場合は、"道の間を歩く"場合と同様、"奥行性と垂直性をもった三次元空間"が成立しており、線を描くたびにその線が基底線となってしまって、その基底線に空間がひきずられていないことを示している。しかし、Aタイプにおいては、近景においては、そのような三次元性が成立しているにもかかわらず、遠景においては、枠の水平線と並行に描かれた道や川の描線が基底線となってしまうところに特徴がある。

　③また、近景と遠景の間に"空白"が置かれるのも特徴である。多くの場合、水平または水平に近い形で描かれた道もしくは川で領域が二分され、道もしくは川の2本の描線のうち、上側の描線が基底線（地平線）であるような表現となり、その上に②で説明したように、人や事物などが描かれるわけだが、その背景は基本的に空白であり、空白の上部に、山や空などが描かれることが多い。

　この時、空白を置いて山などが配置されることで、奥行き表現がなされている。

第5章　心的現実感と「心の視点」を捉える風景構成法による心理アセスメント

　これが、空白がない形で山の色が塗り込められていたり、山の下に田畑が広がっていたりすると、まさしくⅣに見られる"積み上げ遠近法"そのものに近づく。そうではなく、基底線から離れた領域に山などを配置し、かつ、空白部分をおくところに、ポテンシャルが存在すると考えられる。近景と遠景の"間"のつながりが捉えられておらず、そのものを図としては表現されてはいない。けれども、その間に"何かがある"ということが、"空白"として表現されていると言える。

## 2. Ｖベースの発展型（Ｂタイプ）

　この型は、以下に述べるように、Ｖの発展形として見ることができる。「近景では一つの空間として成立しているように見えるが、遠景になるにつれ左右に微妙にズレが生じる。ただし、部分ごとの空間はそれぞれ三次元的に統合されているが、全体としては、いわば夢のようなつながり方で、空間に微妙なズレがあるような統合のあり方」が特徴である。

　①Ｂタイプにおける描画空間の性質を捉えるにあたり、大景群の構成のあり方の特徴について見てみると、まず、川と道が、それぞれタテ方向（奥行方向）に流れる／走る形で描かれることがあげられる。加えて、特徴的なのは、左右に振り分けられた、川のある空間と道のある空間が、それぞれ遠景になるにつれて微妙にズレてくることである。
　そのズレのあり方の典型例は次のようなものである。左の空間には、川が紙面空間を貫通するように描かれる。一方、右の空間には、道が紙面空間を縦に走り、遠景において山に続いていく、あるいは山の向こうに迂回しつつ続いていく。その際、左の川の空間には地平線や水平線は見られないが、右の道の空間には、山の裾野あたりに地平線の表現が見られたり、山と道の上に空が出現する。このように、左右の空間が遠景になるにしたがって、一方は地平線がなく、もう一方には地平線が存在する、というズレが生じる。しかも、そのズレがズレとして描かれるのではなく、両空間の間は曖昧にぼかされ、あたかも夢のつながりのような形で描かれるところが特徴である。

②Ⅴにおいても、空間の分裂が生じるが、Ⅴの場合は、視向、すなわち、個々のアイテムや領域ごとの空間を見ている視線の向きが、上方からの視向と、横から（アイテムの正面から）の視向とに大きく分裂していることが特徴である。これは、横からは捉えがたい奥行の位置関係やつながり、地平の広がりのありようを、上から見ることでつかもうとするという動きと、そのような、俯瞰的な、垂直方向の視点をもつことで、垂直性を体得しようとする動きが含まれていると考えられる。また、俯瞰的な視点をもつことは、空間の連続性を広く捉えようとする心的動きも含まれていると推察しうる。

一方、Ⅵ'のBタイプの場合は、Ⅴほど、視向の分裂が大きくなく、一見、ほぼ同じような、やや斜め上からの視向から見ている風景として描かれる点が特徴である。このタイプは、Ⅴと同様、空間の広がりを捉えようとする心の動きが強く、かつ、Ⅴよりも"奥行方向の無限性"を表現しようとする方向性が強いと言える。川や道が、そしてその地平自体が、紙面空間で区切られる範囲にしか存在しないのではなく、紙面空間の向こうまで続いていくといった世界を描こうとしており、それは、地平線が描かれる場合でも、その地平そのものがその線で途切れるのではなく、続いていることを、もう一方の空間の無限性によって表現しているようにも見える。

このような表現方法は、中国の水墨画などにもみられる。マンガにも似ているともいえる。マンガにおける枠は、その世界を捉える目線によって切り取られた視野空間を示しており、枠から枠へと、つまり目線をたどることで、その目線のもとに世界とその動きが広がっていく。文字通り、枠にはまらない、動的な世界を描いている可能性があると言える。ただし、紙面空間に、その広がりと動きの片鱗は描かれても、その視野空間同士のつながりや移り変わりについては明確に描かれてはいない。そこにポテンシャルがあると言える。

## 3. Ⅵベースの分裂型（Cタイプ）

この型は、以下に述べるように、Ⅵに近いがより空間の分裂が大きく、Ⅴほどの空間の分裂が見られないものとして見ることができる。「近景では一つの風景としてまとまっているが、遠景になるにしたがって、左右の空間が微妙に分裂し

第5章　心的現実感と「心の視点」を捉える風景構成法による心理アセスメント

ているような統合のされ方」が特徴である。

　①Cタイプにおける描画空間の性質を捉えるにあたり、大景群の構成のあり方の特徴について見てみると、まず、川もしくは道（多くの場合、川）が、斜め上方からタテ方向（奥行方向）に流れる／走る形で描かれ、川もしくは道が、左右の空間を分断するとともに結合させている構成のあり方であることがあげられる。加えて、川もしくは道で分けられた2つの空間は、近景では一つの空間として成立しているが、遠景になるにしたがって、地平線がズレてくるなどの形で、左右の空間のズレが生じてくる点が特徴としてあげられる。

　②これは、Ⅵの一つの典型である、「空から流れる川」のある構成に近い。「空から流れる川」の構成は、川の教示の段階で、心に生じてきた川イメージそのものを、風景の中心的な位置に、かつ地平線のない形で描くことから始まる。つまり、川がどんなものとの関係の中に存在するかといったシンタグマ的な視点での広がりをもってイメージされる以前に、川そのもののイメージに突き動かされるかのように、川そのものを流してしまうあり方である。その意味では、やや衝動的な要素が見受けられるが、その後のアイテムは、ほぼ1視向・1視点から、統合された形で描かれるのがⅥである。
　一方で、「空から流れる川」で分断された左右の空間を捉える視線の向きが、それぞれ横方向と上方向からというように、大きく分裂している場合は、Ⅴに分類されるが、こちらにも近い。ただし、Ⅴに分類されるほど視向の分裂は大きくなく、ほぼ1視向から描かれており、だからこそ、近景では一つの空間に見える。

　③また、Ⅴの場合は、一方の空間は、例えば、川の描線が基底線になってしまい、斜めの描線にひきずられて、倒れたような形でアイテムが描かれるというようなことが生じうる。このⅥ'のCタイプに関しては、若干、川の斜め線が基底線となって、山などが引きずられて斜めに倒れたような形で描かれることもあるが、Ⅴに見られるようなコントラストが強い形ではない。あたかも、川の勢いに地平線も流されそうになるところで、視線は全体としてほぼ同じ角度から向けら

れ、左右それぞれの空間について、地平線をなんとか保とうとするものの、その地平線が微妙にズレてしまう、という形であり、1視向から見た場合の奥行性と垂直性をある程度保っているところが、Ⅴとは異なる特徴と言える。

### 4. Ⅵ'の新しい定義
以上、Ⅵ'の3つの下位分類それぞれの特徴について詳しく検討した。
全体を通じての共通点としては、

"ほぼ1方向に定まった視向から遠近的・立体的表現をもって風景が描かれ、「近景」は一つの風景として統合されているが、「遠景」になるにしたがって、地平や空間のズレが生じるもの"

である点と言える。これをⅥ'の新たな定義としたい。
　つまり、「近景」の世界と、「遠景」の世界は、描き手の心的次元において、連続しているようでいて、不連続な、質的相違があるということである。このⅥ'の全体的特徴に、離人感の高さに関係するポイントが含まれていると考えられる。第4章で見てきたように、離人感は、アンテ・フェストゥム的な「未来的自己」指向性や「世間一般性」忌避的な自己指向性との関係が深いことが明らかになったが、「近景」と「遠景」の"ズレ"は、「世間一般性」と"距離をとること"や、「未知の次元」に"眼差しを向けること"と関係し、そのことが、「自己を指向」する一歩となっている可能性がある。
　また、心的風景を構成している描き手の視線の側から見ると、ほぼ視線の向きが1つであるかのようでいて、その視線は「近景」と「遠景」に分裂している、という特徴がある。このことは、Ⅵ'との関連が示された3つの離人感のうち《二重意識および自己の連続性の喪失感》をダイレクトに表現している。このことは、「世間一般性」のもつ主体的な意味合いが、青年期において変化しつつあることと関係するのかもしれない。つまり、「世間一般性」と「自己」とをどのように切り分け、どのように「自己」をつかみ、どのように「自己」と「世間一般性」の関係をつかみ直すか、という、自己－世界の成立に向けてのいとなみの最中にある

ということである。だからこそ、「近景」が一見安定しているにもかかわらず、《存在感喪失》が高く、《有情感喪失》が高い、という離人感を伴う自己－世界感覚に生きていると言えよう。

　つまり、「近景」と「遠景」の"ズレ"は、離人感の中にある自己が自己であることを求める動きが生み出している。言い換えれば、「近景」と「遠景」の"ズレ"は、描き手の心が、知らず知らずのうちに取り組んでいる、自己－世界の成立に向けてのアプローチの一つの表れであると言える。

## 第8節　離人感の奥にあるもの
──Ⅵ'の下位分類に見られる"ズレ"の性質を捉えるアセスメントと関わり

　このように考えると、「近景」と「遠景」の"ズレ"が、どのような性質のズレであるかが、描き手の心のその時点でのありようと、自己－世界の成立に向けての無自覚のうちのアプローチがいかなるものかをつかむ手がかりとなるはずである。その際、「近景」と「遠景」がいかにして生まれているか、どのような視線で風景＝世界が編み出されているかを捉える必要がある。そのためには、風景＝世界の構成の骨組みとなる、大景群（川・山・田・道）の構成を検討することが重要であると考えられる。

　Aタイプにおいては、枠線の方向性に沿う形で、道もしくは川、あるいは両方が、横方向に走る。多くの場合、その手前の「近景」に、三次元的に田が広がる。「近景」の上に走るかのような道や川は、実は「近景」の世界と同じ次元の地平にはない。近景と緊密に接触しているようでいて、三次元の地平からいきなり二次元的な積木のような道や川が描かれ、その上に、いわば"地に足つかない"形で、人や事物が並ぶ。山はほぼ例外なく、近景から空白を挟んで遠く離れた位置に、背景的に遠景として描かれる。つまり、道もしくは川の領域が、既に、「近景」とは次元を異にしている点に、これまで「枠」に支えられて、世間一般的な意味での世界観の中で相応の成果も得ながらも、自己が自己として生きていくことを、その延長線上で捉えることに何等かの違和感が生じていることが表れている可能性がある。

こうした表現や、遠景の空白、空白を挟んでの山や空の表現は、あり体に言えば、疎隔感や離人感の表現と言えるだろうが、そのような感覚や、こうした表現がもつ、心的なはたらきを、見守り手が受けとめていくことが重要だろう。少し踏み込んで言えば、近景に接触しながら次元を異にする道や川や人を、空白や山や空が、包み込みつつ周囲から隔絶させる、繭のようでもある。そのことによって、道や川や人が、自律性を得ようとしているようでもある。一方で、それは、道や川や人などを浮き上がらせ、フォーカスさせるものでもある。見守り手が、奥行を貫通する表現が皆無であることや、遠景と近景のつながりが見えないことばかりを気にして、それらをつなぐことを焦るようなことは往々にして生じがちであろうと考えられるが、描画の自己－世界の成立の視点から見ると、むしろ、接触しながらも切断し、道や川や人の自律性を生み出そうとしている動きが重要であると考えられる。「近景」に縛られるのではなく、自らの自律性を大切にして、自らの目で、歩く道端や、川や、遠くの山や、近くて遠い田や家を、自由に感じていくことで、空白の霞に何かが見えてきたり、道の様子や世界の見え方も変化していくのかもしれない。そうしたポテンシャルを、表現やありように具体的に見出していくことが重要であろう。

　Bタイプにおいては、Aタイプとは対照的に、川と道が奥行方向に走り、川や道や空間が紙面空間に限定されることにあらがうように、それらの無限の広がりを表現しようとする点が強調されている。また、このタイプは、川と道が伴走する一つのペアとして描かれ、かつ、川と道が遠景に向かうにつれ、それぞれ異なる方向性をもつ形で描かれる点も特徴である。したがって、近景と遠景のズレの中には、描き手が川に見ているものと道に見ているものに、徐々にズレを感じはじめ、両者の関係のあり方が変化しつつあることが含まれていると考えられる。このタイプにおいても、やはり、近景と遠景や、遠景における川のある空間と道のある空間のズレ、地平のズレといったイメージに、描き手の心がどんなものを見ているのか、その多義性や多視点性を大切に受けとめていくことが重要であろう。

　Cタイプにおいては、既に指摘した通り、Ⅵの一つの典型である、「天から流れる川」のある構成に近く、「川」の教示に対して「川」のイメージがわくままに、

即自的に表現するあり方という点では共通している。見通しや、世界の広がりや関係性への視点や視野を飛び越えて、川そのもののイメージに突き動かされるように、空から流れる川を描いてしまうあり方は、根源的自発性としてのノエシスに即自的なあり方に近い面を感じさせる。そこには、その根源についての問いは生じない。天から、自ずから流れ、その始点は描かれない。素朴な自律性のおおもとたる、自発性のほとばしりの表現が、紙面空間を大きく二分する。

しかし、Ⅵにおいては、その後の構成は、「天から流れている点」を無視するかのように、Ⅶに近い構成がなされる。天から流れていたとしても、その後はⅦ的な世界に馴染むことが優先され、その点に葛藤がほとんど見られない。あったとしても、Ⅶ的な世界に馴染ませる方向での工夫がなされる。

Ⅵ'においては、この点が異なる。「天から流れる川」は、実は、その左右の空間のどちらとも馴染みが微妙によくない構成となる。一方では、地平線の中に川をおさめようとして山を描き、かえって川が基底線になって山が傾きがちになる。そのことによって、空間は落ち着きがないばかりか、川と山で紙面の半分の空間が支配されてしまう。そこで一方の空間には、枠線を基底線とした、三次元的な田畑が広がるが、それでは紙面が川・山・田で埋め尽くされてしまうために、たいていの場合、田の上側が少し空間を残して描かれ、結果的に地平線が左右でズレてしまう。こうしたあり方は、一つには、「川」の動きやリアリティを感じ、川が生きる世界として描こうとするからではないだろうか。その点で、ⅥとⅥ'では、目指されている方向性が異なり、それが似て非なる空間構成を生んでいると考えられる。ⅥはⅦという、「世間一般的に共有されうる現実」の次元を色濃くもつリアリティを目指す方向が強く、Ⅵ'は、周囲の中で「川」の「自発性」や「独自性」を生かす形でいかにして存在しうるか、という点が重要になっていると考えられる。そのような、自己の分化や発展に向けての動きの一端がズレであり、だからこそ、ズレは近景よりも遠景でより顕著になるのではないだろうか。この点は、Ⅵ'のすべてのタイプに共通して言えることであり、ノエシスを世間一般性の次元で簡単に手なずけない点が、自己性を獲得する上で大切であることに留意することが重要なポイントと言える。

このような基本的視座のもと、LMTの構成を捉え、3つのタイプに見られる

ようなズレの違いとその様相を細やかに見ていくことで、たとえ同じような言語表現であったとしても、背後にある離人感の性質の違いを捉えることができる。そして、それを心の力の不足としてアセスメントするのでなく、離人感に内包されている、新たな自己に向けてのポテンシャルをアセスメントすることが可能になる。それによって、一見ないように見えて、ポテンシャルとして息づきはじめている、新たな自己に向けての芽を、具体的な心の動きとして捉え、アプローチしていくことが可能になるのである。

# 第6章 本書のまとめと総合的検討

自己性のポテンシャルを生きる

## 第1節　離人症論と存在構造論の刷新

### 1. 離人症論の2つの立場

　第1章では、従来の多様な離人症論を再検討した。それぞれの理論が離人感の本質をどこに見出し、どのような観点から捉えているかについて精査し、離人症論は次の2つの立場に大きく二分しうることを導き出した。

①離人感を、一般的な意味での"現実感"の喪失感として捉え、リアリティを感覚する能力の障害として捉える立場
②離人感を、さらなるリアリティに向けての動きとして捉える立場

　また、離人感を心の次元における自己−世界の成立のリアリティの問題として捉え、「自己としての生と存在のリアリティを感じられない」離人感を、「自己としての生と存在のリアリティを支えているものが何であるのか」を逆説的に指し示すものとする理解の観点を提示した。
　①のような、能力の"不足"を捉える観点自体は必要ではあろう。しかし、それだけでは、そもそも能力の"不足"という点しか捉えていないため、導きうるアプローチは"不足"への対症療法的アプローチにとどまらざるを得なくなる。しかも、離人感は、"自己が自己である"ことを問題とし、生と存在が自分のものと感じられないという、心的体験の"自己性"を問うものである。そして、本来、

"自己が自己である"ことを実感するための基準は、自己の外にはありえない。

そのため、むしろ、離人感そのものを"自己が自己である"と感じられないという"実感"として捉え、その中にある、"自己が自己である"ことを支える究極のポイントを探ろうとする潜在的な心の動きに目を向けると、自己性をつかむ力の芽のようなポテンシャルを見出すことができるのではないか。このような本書のスタンスは、②の立場をさらに展開させるものである。

## 2. 心の軸足を捉える観点と新しい離人症論

心的次元における自己-世界のリアリティのゆらぎである、離人感の性質は、自己-世界を支えている「心の軸足」の性質によって異なると考え、第2章と第3章では、この問題を捉える観点として、木村敏の存在構造論をとりあげた。その理論的再検討をおこなうとともに、存在構造尺度の作成を通して実証的検討をおこない、存在構造論に新しい観点を組み込んだ。

まず、木村敏の存在構造論を整理した。精神病理学上の理論的検討を通じて、てんかん親和的なイントラ・フェストゥム、統合失調症親和的なアンテ・フェストゥム、単極性うつ病親和的なポスト・フェストゥムの3つの基本的存在構造が抽出されている。これは、精神疾患に特異的な存在構造ではなく、あらゆる人における、その都度の現在における自己-世界の成立の3つの契機に既に含まれているとし、それぞれ、根源的自発性であるノエシスに即自的な自己、ノエシスがノエシス自身を「他ならぬ自己」として純粋につかもうとして、未知の次元に見出される自己、ノエシスがノエシス自身を「世間」においてつかんだノエマとしての自己と捉えている。そして、これらの次元のバランスのあり方が、個において選び取られた基本的存在構造のあり方であるとしている。

これら3つの存在構造を測定しうる尺度の開発と実施を通じて、存在構造論の実証的検討をおこない、存在構造の概念を一歩進めた。

アンテ・フェストゥム構造は次の2つに切り分けられた。
①自己自身に対してより純粋な自他差異化を求める「未来的自己」指向性
②自他の差異化を求める「世間一般性」忌避的な自己指向性

第6章　本書のまとめと総合的検討

　ポスト・フェストゥム構造は次の2つに切り分けられた。
①既に捉えられ実現された自己から外れてしまうことを恐れる「既在的自己指向性」
②「世間一般性」同一化的な自己指向性

　両者の①はそれぞれ独立の関係であるが、②については「世間一般性」に対して「忌避的」か「同一化的」かという軸が取り出され、一次元上の両極の関係であることが明らかとなった。②の「世間一般性」をめぐる両極の態度はいずれも、自己の自己性をつかみとっていこうとする動きの一環であることが示された。世間一般性に沿う方向での自己指向性は、一般に、"社会性"や"主体性"の高さとして受け入れられやすい。一方、世間一般性を忌避する動きは、一般的な価値観から捉えた時には、いわゆる社会性や主体性の低さとして受けとめられる。しかし、世間一般性を忌避する動きに、自己の成立の基盤となるものの一端が含まれているという知見は、一見、社会との接点を失っているように見える状態像をもつさまざまな問題の理解やアプローチにも示唆を与えるものである。
　第4章では、木村敏の離人症論について、第3章で再検討した存在構造論の観点から、丹念な理論的再検討をおこない、新しい離人症論を導き出し、次の通り提示した。

　離人症は「ノエシス面の自他差異化への動きが、逆説的にその自己限定を困難にすることで尖鋭化したメタノエシス面の機能不全により、ノエシス面が捉え損なわれている事態」である。

　加えて、基本的存在構造の違いにより、離人感の性質が異なる可能性を仮説として具体的に導き出した。
　本書では、存在構造という概念を、自己の自己性を支えるものとしての「心の軸足」と捉え、この軸足が揺らぐことが、すなわち自己の自己性の揺らぎと捉えた。だからこそ、心の軸足の違いが、自己－世界の成立次元の違い、体験世界の違いを生み、さらにはその揺らぎの性質を生むと考えられた。一方、自己の自己

性が揺らぐ時に体験されるものが離人感であり、だからこそ、離人感は、あらゆる精神疾患や障害において、さらには健常範囲において体験されうる。したがって、基本的存在構造のあり方と離人感の関係を捉える観点を抽出できれば、自己の揺らぎにまつわる訴えである離人感を、自己の自己性にまつわる問いとして受けとめ、アプローチしうると考える。

## 第2節　離人感と心の軸足

　これらを踏まえ、以降の章において、青年期における離人感と心の軸足である存在構造との関係を検討した。
　第4章の後半では、まず、離人感尺度の作成と質問紙調査を通じて、離人感の概念を検討した。離人感は基本的には一つのまとまりをなす体験として抽出されたが、その中に含まれる性質は次の5つに分けられた。

《存在感喪失》
《有情感喪失》
《感覚疎隔感》
《自他の接点の疎隔感あるいはノエシス面との接点の消失感》
《二重意識と自己の連続性の喪失感》

　また、青年期における離人感の特徴と、離人感と存在構造との関係について明らかにした。

　①離人感全体は、特に「未来的自己」指向性の高さと関係する。
　②5つの離人感すべてにわたって「世間一般性」忌避的な自己指向性の高さと関係する。
　③離人感のうち、《存在感喪失》と《二重意識と自己の連続性の喪失感》が、アンテ・フェストゥムにおける「未来的自己」指向性と関係する。
　④《感覚疎隔感》と《自他の接点の疎隔感あるいはノエシス面との接点の喪失

感》は、ポスト・フェストゥムにおける「既在的自己」指向性と関係する離人感である。
⑤《有情感喪失》はこれら両方と関係する離人感である。
⑥イントラ・フェストゥムの高低そのものは、離人感とは関係が見られない。

全体を通じてみると、離人感は、特に、「未来的自己」指向性と「世間一般性」忌避的自己指向性といった、アンテ・フェストゥム構造と深い関係があることが示され、体験の直接性と関係の深いイントラ・フェストゥム構造とは関係が認められなかった。つまり、離人症論の再検討によって導き出された2つの立場のうち、離人感をさらなるリアリティに向けての動きによって生じると捉える立場が支持され、離人感をリアリティを感覚する能力の不足によって生じると捉える立場は支持されなかった、と言える。

## 第3節　描画にポテンシャルを見出す視点

### 1. 新しい構成型Ⅵ'

　ただし、これらは質問紙で測定しうる、その時点で意識しうる範囲の心的態度についての知見であるという限界があるため、第5章では、まだ意識の正面で自覚するに至っていないような、移行過程にある心の動きを捉えるために、投映法の一つであり、心理アセスメントのツールとしても、心理療法としても用いられる、描画法を用いて検討した。離人感というリアリティの質を、"メタノエシス面による見え方、関わり方"の反映としてのノエマ面をもとに探ることが可能であり、風景構成法の構成型にそれが反映されると考え、離人感と構成型の関係について実証的研究により検討した。

　その結果、自我発達の観点から抽出された高石の構成型と離人感の間には関係が見られず、離人感は自我発達上の問題とは異なる性質のものと考えられた。一方、高石の構成型は、もともと児童期から思春期にかけての自我発達の様相を捉えたものであるため、大学生など青年期後期を対象とした場合、大部分がⅤからⅦに分布するものの、Ⅵに含まれるものの幅が広くなり、厳密な意味ではⅥにあ

てはまらないが、ⅤやⅦに比べればⅥに近い、といった範疇の反応が多いことが、複数の研究者から指摘されている。そこで、Ⅵ以外にはあてはまらず、また厳密な意味ではⅥにもあてはまらないデータの性質を吟味したところ、一つの共通した特徴が導かれた。これを新しい構成型Ⅵ'とした。

"ほぼ1方向に定まった視向から遠近的・立体的表現をもって風景が描かれ、「近景」は一つの風景として統合されているが、「遠景」になるにしたがって、地平や空間のズレが生じるもの"

これを含めた新しい構成型と離人感の関係を検討したところ、離人感とⅥ'に関係が見られた。中でも、《存在感喪失》《二重意識と自己の連続性の喪失感》《有情感喪失》といった、「世間一般性」忌避的な自己指向性と「未来的自己」指向性の両方、すなわちアンテ・フェストゥムと関係する離人感が、Ⅵ'と関係することが明らかとなった。このことから、Ⅵ'の統合された「近景」から「遠景」に向かうにつれ生じるズレという特徴は、離人感体験とそれを生み出す存在構造のあり方、すなわち「世間一般性」の忌避と、それによってより純粋な自己をつかもうとする動きと関係していると考えられた。

## 2. Ⅵ'の3つの下位分類

さらに、Ⅵ'の3つの下位分類におけるそれぞれの表現について、それらの共通点と相違点および特徴を丹念に分析することで、そこに表現されている心的次元における自己性をめぐるポテンシャルを読み取ることが可能であると考えられた。

Aタイプ：Ⅳベースの発展型においては、枠に沿って三次元的に統合された形で描かれた「近景」に、二次元的に積み上げられた道や川と人と、それらを覆うかのような空白と空白をはさんだ山と空の表現に、これまで支えとなっていた"世間一般性"の意味合いが変化し、それとは距離を置き、自己の独自性・純粋性をつかみ、自他差異化していく動きの萌芽が表現されている可能性が見出さ

れた。

Bタイプ：Vベースの発展型においては、Aタイプとは対照的に、川と道が奥行方向に、無限空間を暗示するように描かれ、川と道が遠景に向かうにつれ、それぞれ異なる方向性をもつ形で描かれることから、川と道に重ねられているイメージや両者の関係に、変化が生じつつある可能性が見出された。

Cタイプ：Ⅵベースの分裂型においては、Ⅵの一つの典型である、「天から流れる川」のある構成に近いものの、Ⅵとは異なる構成の特徴から、「川」に重ねられている、根源的自発性を、世間一般性におけるリアリティではなく、独自のリアリティの次元で捉えようとしている可能性が見出された。

## 第4節　ポテンシャルを見出す視点を心理的アプローチにどう生かすか

　Ⅵ'の構成に見られる"空間のズレ"は、離人感の性質を示している。そのズレの性質を捉えるには、遠近法的なⅦを完成形として見るような、他者と共有可能な、世間一般的なリアリティの次元での価値観では不足である。Ⅵ'は、Ⅶを目指す動きが強いⅥとは性質が異なることが示されたからである。Ⅵ'に見られる、"空間のズレ"や"分裂"、"空白"や"三次元表現の中の二次元表現"などは、一方では、何等かの"未達成"ではあるかもしれないが、いずれも、「近景」の見え方から解き放たれ、自己の自己性をつかむための一歩を踏み出しつつある表現としての側面が大きく含まれていると考えられる。「遠景」には必ずしもゴールは見えていない。未知性に向けての動きそのものが表現されている。

　したがって、"離人感"的表現を、単なる"未統合"や"未発達"として価値下げし、ズレや分裂をつなぐことや、空白を埋めること、拙速な統合を求めることは、こうした自己の自己性、独自性と自律性をつかむことにとって、邪魔になるどころか、自己の芽を摘むことに等しいと言えよう。むしろ、"離人感"を「感じている」自己主体の動きこそを見ていくことが重要である。その点で、描画は、自覚しにくい、言葉にならない次元での自己主体の動きを伝えてくれる。そして、描き手自身にとっても、描くことは、言葉にならない次元での自己主体の自己生成

のはたらきを促進してくれるものでもある。描くことは、文字通り、未知の次元の自己と自己の生きる世界を眼前に紡ぎ出すいとなみである。しかも、他者との間で、かつ、自己との間で、自己対話的にし、描く世界に入り込んで生きて、大切な何かをつかんでいく作業である。

　「自己」は、外部の基準によって規格されてこしらえられるものではない。他者から見て、あるいは自分自身にとって、あたかも「自己性」が乏しく「主体性」も「社会性」も頼りなく感じられるような場合であっても、他者が思う以上に、自身が思っている以上に、自己生成のいとなみは活発に動いている。一見、自己の自己たる所以を見失っているような事態においても、である。心理アセスメントも心理療法も、そのような、一見捉えにくいこともある、クライエントの自己生成のはたらきを感じとり見出すことが大切である。しかし、心的いとなみは刻々と新たに生み出されるし、他者からの捉えは、やはり外部性が入り込んでいる。心理アセスメントと心理療法のいとなみ自体もまた、その心的体験そのものをより本質へと自他差異化していくいとなみが求められていると言えよう。クライエントのポテンシャルが息づいているところをより一層見出していけるよう、探究を続けたい。そして、"単に病のない状態ではない"という健康の定義の意味とその幅についての、具体的かつ生きた理解が深まっていくことで、健康の定義もまた自他差異化し、新たな生命性を獲得していくだろう。

## 文献

Ackner, B. (1954). Depersonalization: I. Aetiology and phenomenology. *Journal of Mental Science*, 100, 838-853. II. Clinical syndromes. *Journal of Mental Science*, 100, 854-872.

Aderibigbe, Y. A., Bloch, R. M., & Walker, W. R. (2001). Prevalence of depersonalization and derealization experiences in a rural population. *Social Psychiatry and Psychiatric Epidemiology*, 36, 63-69.

Allen, J. G., & Coyne, L. (1995). Dissociation and vulnerability to psychotic experience. *Journal of Nervous and Mental Disease*, 183, 615-622.

Almansi, R, J. (1961). Symposium on depersonalization: Abstract of Depersonalization and Object Relations (by Bouvet, M., pp. 449-611) *Psychoanalytic Quarterly*, 30, 312-313.

American Psychiatric Association (1994). *Diagnostic and Statistical Manual of Mental Disorders, Fourth Edition; DSM-IV*. American Psychiatric Press. (高橋三郎, 大野裕, 染矢俊幸〔訳〕(1996). DSM-IV 精神疾患の診断・統計マニュアル. 医学書院).

American Psychiatric Association (2013). *Diagnostic and Statistical Manual of Mental Disorders, Fifth Edition; DSM-5*. American Psychiatric Press. (高橋三郎, 大野裕〔訳〕(2014). DSM-5 精神疾患の診断・統計マニュアル. 医学書院).

安藤治 (1992). 離人症の治療. 臨床精神医学, 21, 1295-1304.

Arlow, J. A. (1966). Depersonalization and derealization. In R. M. Loewenstein et al.(eds.), *Psychoanalysis - Essays in Honor of Heinz Hartmann: A General Psychology*. International Universities Press. pp.456-478.

Baker, D., Hunter, E., Lawrence, E., Medford, N., Patel, M., Senior, C., Sierra, M., Lambert, M. V., Phillips, M. L., & David, A. S. (2003). Depersonalisation disorder: Clinical features of 204 cases. *British Journal of Psychiatry*, 182, 428-433.

Beck, A. T., Epstein, N., Brown, G., & Steer, R. A. (1988). An inventory for measuring clinical anxiety: Psychometric properties. *Journal of Consulting and Clinical Psychology*, 56(6), 893-897.

Beer, J. S., Knight, R. T., & D'Esposito, M. (2006). Controlling the integration of emotion and cognition: The role of frontal cortex in distinguishing helpful from hurtful emotional information. *Psychological Science*, 17, 448-453.

Bergler, E., & Eidelberg, L. (1935). Der Mechanismus der Depersonalisation. *Internationale Zeitschrift für Psychoanalyse*, 21, 258.

Berman, L. (1937). Depersonalization and the body ego with special reference to the genital representation. *Psychoanalytic Quarterly*, 17, 433-452.

Bernstein, E. M., & Putnam, F. W. (1986). Development, reliability, and validity of a dissociation scale. *Journal of Nervous and Mental Disease*, 174, 727-735.

Bird, B. (1957). Feelings of unreality. *International Journal of Psycho-Analysis*, 38, 256-265.

Blank, H. R. (1954). Depression, hypomania, and depersonalization. *Psychoanalytic Quarterly*, 23, 20-37.

Bradlow, P. A. (1973). Depersonalization, ego splitting, non-human fantasy and shame. *International Journal of Psycho-Analysis*, 54, 487-492.

Brauer, R., Harrow, M., & Tucker, G. J. (1970). Depersonalization phenomena in psychiatric patients. *British Journal of Psychiatry*, 117, 509-515.

Cassano, G. B., Petracca, A., Perugi, G., Toni, C., Tundo, A., & Roth, M. (1989). Derealization and panic attacks: A clinical evaluation on 150 patients with panic disorder/ agoraphobia. *Comprehensive Psychiatry*, 30, 5-12.

Craig, A. D. (2009). How do you feel now? The anterior insula and human awareness. *Nature Reviews Neurosciences*, 10, 59-70.

Davidson, K. (1964). Episodic depersonalization: Observation on 7 patients. *British Journal of Psychiatry*, 110, 505-513.

Dixon, J. C. (1963). Depersonalization phenomena in a sample population of college students. *British Journal of Psychiatry*, 109, 371-375.

Dubester, K. A., & Braun, B. G. (1995). Psychometric properties of the dissociative experiences scale. *Journal of Nervous and Mental Disease*, 183, 231-235.

Dugas, L. (1898). Un cas de dépersonnalisation. *Revue Philosophique de la France et de l' Étranger*, 45, 500-507.

Edinger, J. D. (1985). Correspondence: Relaxation and depersonalisation. *British Journal of Psychiatry*, 146, 103.

Edwards, J. G., & Angus, J. W. (1972). Correspondence: Depersonalization. *British Journal of Psychiatry*, 120, 242-244.

江藤裕之（2002）．healthの語源とその同族語との意味的連鎖：意味的連鎖という視点からの語源研究の有効性．長野県看護大学紀要，4, 95-99.

Farrer, C., Franck, N., Georgieff, N., Frith, C. D., Decety, J., & Jeannerod, M. (2003). Modukation the experience of agency: A position emission tomography study. *Neuroimage*, 18, 324-333.

Farrer, C., Frey. S. H., Van Horn, J. D., Tunik, E., Turk, D., Inati, S., & Grafton, S. T. (2008). The angular gyrus computes action awareness representations. *Cerebral Cortex*, 18, 254-261.

Farrer, C., & Frith, C. D. (2002). Experiencing oneself vs another person as being the cause of an action: The neural correlates of the experience of agency. *Neuroimage*, 15, 596-603.

Fast, I., & Chethik, M. (1976). Aspects of depersonalization: Derealization in the experience of children. *International Review of Psycho-Analysis*, 3, 483-490.

Federn, P. (1953). Depersonalization. *Ego Psychology and the Psychoses*, Basic Books.

Feigenbaum, D. (1937). Depersonalization as a defense mechanism. *Psychoanalytic Quarterly*, 6,

4-11.
Foerster, O. (1903). Ein Fall von elementarer allgemainer Somatopsychose (Afunktion der Somatopsyche): Ein Beitrag zur Frage der Bedeutung der Somatopsyche für das Wahrnehmungsvermörgen. *Monatsschrift für Psychiatrie und Neurologie*, 14, 189-205.

Frances, A., Sacks, M., & Aronoff, M. S. (1977). Depersonalization: A self-relations perspective. *International Journal of Psycho-Analysis*, 58, 325-331.

Freeman, A. M. III., & Melges, F. T. (1977). Depersonalization and temporal disintegration in acute mental illness. *American Journal of Psychiatry*, 134, 679-681.

Freud, S. (1936). Brief an Romain Rolland (Eine Erinnerungsstörung auf der Akropolis). *G. W.* 16.

舟橋龍秀(1992). 汎神経症と精神分裂病：偽神経症性分裂病に関する一考察. 精神科治療学, 7, 1203-1211.

Garma, A. (1945). Abstract of La despersonalización desde el punto de vista de la psycopatológia general (depersonalization from the point of view of general psychopathology). (by Krapf, E. E. Rev. de la Univ. de Buenos Aires (*Tercera Eopca*), 59(2), March 1944). *Psychoanalytic Quarterly*, 14, 579.

Gebsattel, V. E. v. (1937). Zur Frage der Depersonalisation: Ein Beitrag zur Theorie der Melancholie. *Nervenarzt*, 10, 169.

Gerrans, P. (2018). Depersonalization disorder, affective processing and predictive coding. Review of Philosophy and Psychology. https://doi.org/10.1007/s13164-018-0415-2

Giegerich, W. (1978). Die Neurose der Psychologie oder das Dritte der Zwei. *Analytische Psychologie*, 9, 241-268.

Gittleson, N. L. (1967). A phenomenological test of a theory of depersonalization. *British Journal of Psychiatry*, 115, 677-678.

Glatzel, J., & Huber, G. (1968). Zur Phänomenologie eines Typs endogener juvenil-asthenischer Versagenssyndrome. *Psychiatria Clinica*, 1, 15-31.（高橋俊彦，大磯秀雄，青木勝，渡辺央，松本喜和，藤田定〔訳〕(1992). 内因性若年無力性不全症候群の一型に関する現象学. 思春期青年期精神医学, 2, 103-118.）.

Grinberg, L. (1966). The relationship between obsessive mechanisms and a state of self disturbance: Depersonalization. *International Journal of Psycho-Analysis*, 47, 177-183.

Guralnik, O., Schmeider, J., & Simeon, D. (2000). Feeling unreal: Cognitive processes in depersonalization. *American Journal of Psychiatry*, 157, 103-109.

Hamilton, J. W. (1975). The significance of depersonalization in the life and writings of Joseph Conrad. *Psychoanalytic Quarterly*, 44, 612-630.

Haug, K. (1939). Depersonalisation und verwandte Erscheinungen. In O. Bumke (ed.), *Handbuch der Geisteskrankheiten, Ergänzungsband 1*, Springer.

Heidegger, M. (1953). *Sein und Zeit, 7 Aufl.* Niemeyer.

弘田洋二，長屋正男（1988）．〈風景構成法〉による神経症的登校拒否児の研究．心理臨床学研究，5(2), 43-58.

Hunter, R. C. A. (1966). The analysis of episodes of depersonalization in a borderline patient. *International Journal of Psycho-Analysis*, 47, 32-41.

Hunter, E. C. M., & Andrews, B. (2002). Memory for autobiographical facts and events: A comparison of women reporting childhood sexual abuse and non-abused controls. *Applied Cognitive Psychology*, 16, 575-588.

Hunter, E. C. M., Baker, D., Phillips, M. L., Sierra, M., & David, A. S. (2005). Cognitive-behaviour therapy for depersonalisation disorder: An open study. *Behaviour Research and Therapy*, 43, 1121-1130.

Hunter, E. C. M., Charlton, J., & David, A. S. (2017). Depersonalisation and derealization: Assessment and management. *BMJ*, 356, 745.

Hunter, E. C. M., Phillips, M. L., Chalder, T., Sierra, M., & David, A. S. (2003). Depersonalisation disorder: A cognitive-behavioural conceptualization. *Behaviour Research and Therapy*, 53, 20-29.

Hunter, E. C. M., Salkovskis, P. M., & David, A. S. (2014). Attributions, appraisals and attention for symptoms in depersonalization disorder. *Behaviour Research and Therapy*, 41, 1451-1467.

Hunter, E. C. M., Sierra, M., David, A. S., (2004). The epidemiology of depersonalization and derealization: A systematic review. *Social Psychiatry and Psychiatric Epidemiology*, 39, 9-18.

市橋秀夫（1989）．重症離人症の精神病理と治療：症例を通して．精神科治療学，4, 1529-1539.

井上晴雄（1956）．離人神経症に関する一考察．精神神経学雑誌，58, 696-706.

井上晴雄（1957）．精神分裂病における離人症の現象学的考察．精神神経学雑誌，59, 531-549.

Jacobs, J. B., & Bovasso, G. D. (1992). Towards the classification of the construct of depersonalization and its association with affective and cognitive dysfunctions. *Journal of Personality Assessment*, 59, 352-365.

Jacobson, E. (1959). Depersonalization. *Journal of the American Psychoanalytic Association*, 7, 581-610.

Janet, P. (1903). *L' Obsession et la Psychastheenie*. Alcan.

Juliusburger, O. (1905). Über Pseudo-Melancholie. *Monatsschrift für Psychiatrie und Neurologie*, 17, 72-77.

Juliusburger, O. (1910). Zur Psychologie der Organgefühle und Fremdheitsgefühle. *Zeitschrift für die Gesamte Neurologie und Psychiatrie*, 1, 230-241.

Jung, C. G. (1934). *A study in the process of individuation. C. W. 9*.

Jung, C. G. (1944). *Psychology and Alchemy. C. W. 12*.

Jung, C. G. (1946). *The psychology of the transference. C. W. 16*.

Jung, C. G. (1948). *The spirit of Mercurius. C. W.* 13.
Jung, C. G. (1951). *AION. C. W.* 9.
Jung, C. G. (1954). *The philosophical tree. C. W.* 13.
Jung, C. G. (1955-56). *Mysterium Coniunctionis. C. W.* 14.
Jung, C. G. (1959). *The Archetypes and the Collective Unconscious. C. W.* 9.
Jung, C. G. (1984). *Dream Analysis: Notes of the Seminar Given in 1928-1930.* Princeton University Press.
皆藤章（1994）．風景構成法．誠信書房．
金山範明，大隅尚広，飯村里沙，余語真夫，大平英樹（2008）．感情鈍磨現象の2様態：離人症状とサイコパシーにおける感情鈍磨現象の検討．パーソナリティ研究，17(1), 104-107.
金山範明，大隅尚広，大平英樹（2007）．現実世界からの逃走：離人症状の分類と回避傾向の関連について．パーソナリティ研究，15(3), 362-365.
笠原嘉，須藤敏浩（1977）．否定妄想について：若い婦人の一例．笠原嘉（編）分裂病の精神病理 5, 東京大学出版会．pp.193-213.
加藤正明（編）．（1993）．新版 精神医学事典．弘文堂．
河合逸雄（1983）．異常脳波を呈した離人症例：その症状と脳波の変遷．精神医学，25, 45-53.
河合俊雄（1998）．概念の心理療法：物語から弁証法へ．日本評論社．
河合俊雄（2000）．心理臨床の理論 心理臨床の基礎2．岩波書店．
Kimura, B. (1963). Zur Phänomenologie der Depersonalisation. *Nervenarzt,* 34, 391-397. (木村敏〔2001〕離人症の現象学．木村敏著作集1, 弘文堂．pp.3-22.).
木村敏（1967）．非定型精神病の臨床像と脳波所見との関連に関する縦断的考察．精神神経学雑誌，69(11), 1237-1259.
木村敏（1968）．鬱病と罪責体験．精神医学，10(5), 375-380.
木村敏（1969）．自覚の精神病理：自分ということ．紀伊國屋書店．
木村敏（1972a）．性格と状況．新福尚武（編）．躁うつ病．医学書院．pp.93-107.
木村敏（1972b）．ブランケンブルクの『自然な自明性の喪失』について．精神医学，14, 75-81.
木村敏（1973a）．躁うつ病の「非定型」病像．臨床精神医学，2(1), 19-28.
木村敏（1973b）．異常の構造．講談社．
木村敏（1974a）．妄想的他者のトポロジイ 分裂病の精神病理3．東京大学出版会．pp. 97-121.
木村敏（1974b）．身体と自己：分裂病的身体経験をめぐって．宮本忠雄（編）．分裂病の精神病理2．東京大学出版会．pp.243-273.
木村敏（1974c）．てんかん者の精神病理：人間学的考察．原俊夫，平井富雄，福山幸夫（編）．てんかんの臨床と理論．医学書院．pp.415-422.

木村敏（1975a）．てんかんの精神病理．臨床精神医学，4(10), 1161-1167.
木村敏（1975b）．うつ病の臨床精神医学的研究の動向 [1959-1973]．精神医学，17(1), 4-32.
木村敏（1976a）．離人症．現代精神医学大系3B 精神症状学Ⅱ．中山書店．pp. 109-143.
木村敏（1976b）．分裂病の時間論：非分裂病性妄想病との対比において．笠原嘉（編）．分裂病の精神病理5．東京大学出版会．pp.1-31.
木村敏（1976c）．いわゆる「鬱病性自閉」をめぐって．笠原嘉（編）．躁うつ病の精神病理1．弘文堂．pp. 91-116.
木村敏（1978a）．思春期病理における自己と身体．中井久夫，山中康裕（編）．思春期の精神病理と治療．岩崎学術出版社．pp. 321-341.
木村敏（1978b）．存在論的差異と精神病．理想，542, 112-127.
木村敏（1979a）．時間と自己・差異と同一性：分裂病論の基礎づけのために．中井久夫（編）．分裂病の精神病理8．東京大学出版会．pp.115-140.
木村敏（1979b）．内因性精神病の人間学的理解：「内因性」の概念をめぐって．精神医学，21(6), 573-583.
木村敏（1980）．てんかんの存在構造．木村敏（編）．てんかんの人間学．東京大学出版会．pp. 59-100.
木村敏（1981a）．鬱病と躁鬱病の関係についての人間学的・時間論的考察．木村敏（編）．躁うつ病の精神病理4．弘文堂．pp. 1-39.
木村敏（1981b）．『自己・あいだ・時間』まえがき．弘文堂．
木村敏（1981c）．診断．現代精神医学大系10A1 精神分裂病Ia．中山書店．
木村敏（1982a）．時間と自己．中央公論新社．
木村敏（1982b）．あいだと時間の病理としての分裂病．臨床精神病理，3(1), 17-24.
木村敏（1983a）．自己と他者 岩波講座 精神の科学I．岩波書店．pp. 177-214.
木村敏（1983b）．他者の主体性の問題．村上靖彦（編）．分裂病の精神病理12．東京大学出版会．pp. 213-237.
木村敏（1983c）．非定型精神病の人間学的分類の試み：人間学的診断の臨床的意義．土居健郎，藤縄昭（編）．精神医学における診断の意味．東京大学出版会．pp. 171-194.
木村敏（1984）．てんかんの人間学．秋元波留夫，山内俊雄（編）．てんかん学．岩崎学術出版社．pp. 554-566.
木村敏（1985）．直接性の病理．弘文堂．
木村敏（1986a）．『直接性の病理』序 直接性の病理．弘文堂．
木村敏（1986b）．離人症における他者．高橋俊彦（編）．分裂病の精神病理15．東京大学出版会．pp. 57-79.
木村敏（1987）．自己の病理と「絶対の他」．現代思想，15(12), 204-217.
木村敏（1988a）．あいだ．弘文堂．
木村敏（1988b）．現象学的精神病理学と"主体の死"：内因の概念をめぐって．弘文堂．
木村敏（1988c）．境界例における「直接性の病理」．村上靖彦（編）．境界例の精神病理．弘

文堂. pp. 99-128.
木村敏 (1989). 離人症と行為的直観. 精神科治療学, 4, 1357-1365.
木村敏 (1990).『分裂病と他者』序 分裂病と他者. 弘文堂.
木村敏 (1991). 自然な自明性. 臨床精神医学, 20, 1597-1598.
木村敏 (1992). 生命のかたち／かたちの生命. 青土社.
木村敏 (1998). てんかんと精神症状 (てんかん者の人間学的精神病理学). 松下正明 (編). 臨床精神医学講座9 てんかん. 中山書店. pp. 465-471.
木村定 (1959). 神経症性離人症の精神病理学的研究. 関西医科大学雑誌, 11(2), 187-202.
切池信夫, 古塚大介, 泉屋洋一, 川北幸男 (1985). 離人症を呈した低テストステロン血症の1例. 精神医学, 27, 359-362.
Klein, M. (1946). Notes on some schizoid mechanisms. *International Journal of Psycho-Analysis*, 27, 99-110.
小波藏安勝 (1989). 離人症と体感異常：青春期分裂性精神病の臨床より. 精神科治療学, 4, 1405-1417.
小見山実 (1990). セネストパチー. 木村敏, 松下正明, 岸本英爾 (編). 精神分裂病：基礎と臨床. 朝倉書店. pp. 424-430.
小山清男 (1992). 遠近法の成立, 遠近法の精神史. 平凡社. pp. 97-148.
小山清男 (1996). 幻影としての空間. 東信堂.
Kraus, A. (1977). *Sozialverhalten und Psychose manisch-depressiver*. Enke.
Kraus, A. (1991). *Lügenmotiv und Depersonalisation in der Melancholie*. (花村誠一〔訳〕(1991). メランコリーにおける虚偽動機と離人体験. 臨床精神医学, 20, 1969-1974.).
Krishaber, M. (1873). *De la neuropathie cérébro-cardiaque*. Paris: Masson.
Krizek, G. O. (1989). Letter: Derealization without depersonalization. *American Journal of Psychiatry*, 146, 1360-1361.
Lambert, M. V., Senior, C., Fewtrell, W. D., Phillips, M. L., & David, A. S. (2001a). Primary and secondary depersonalization disorder: A psychosomatic study. *Journal of Affective Disorders*, 63, 249-256.
Lambert, M. V., Senior, C., Phillips, M. L., Sierra, M., Hunter, E., & David, A. S. (2001b). Visual imagery and depersonalization. *Psychopathology*, 34(5), 259-264.
Lander, J. (1945). Abstract of The psychology of ideas of unreality with emphasis on feelings of strangeness (by Riemer, M. D. *Psychiatrtic Quarterly*, 18, 1944, 316-326). *Psychoanalytic Quarterly*, 14, 564.
Lee, W. E., Kwok, C. H. T., Hunter, E. C. M., Richards, M., & David, A. S. (2012). Prevalence and childhood antecedents of depersonalization syndrome in a UK birth cohort. *Social Psychiatry and Psychiatric Epidemiology*, 47, 253-261.
Lehmann, L. S. (1974). Depersonalization. *American Journal of Psychiatry*, 131, 1221-1224.
Leonard, K. N., Telch, M. J., & Harrington, P. J. (1999). Dissociation in the laboratory: A

comparison of strategies. *Behaviour Research and Therapy*, 37, 49-61.
Levitan, H. L. (1967a). Depersonalization and the dream. *Psychoanalytic Quarterly*, 36, 157-171.
Levitan, H. L. (1967b). The depersonalizing process. *Psychoanalytic Quarterly*, 38, 97-109.
Levitan, H. L. (1970). The depersonalizing process: The sense of reality and of unreality. *Psychoanalytic Quarterly*, 39, 449-470.
Lewis, N. D. C. (1949). Criteria for early differential diagnosis of psychoneurosis and schizophrenia. *The American Journal of Psychotherapy*, 3 (1), 4-18.
Lower, R. B. (1971). Depersonalization and the masochistic wish. *Psychoanalytic Quarterly*, 40, 584-602.
Löwy, M. (1908). Die Aktionsgefühle: Ein Depersonalisationsfall als Beitrag zur Pychologie des Akticitätsgefühls und des Persönlichkeitsbewußtseins. Prager Medizinische Wochenschrift, 33, 443-461.
前田重治（1962）．ある退行現象についての考察：離人症症状を伴った性格神経症の一例．精神分析研究，9, 4.
前田重治（1963）．ある離人症の精神療法中に見られた二，三の身体症状について．精神分析研究，10, 1.
丸田伯子・大前晋（1999）．離人感，現実感喪失．臨床精神医学，28(7), 851-859.
松本雅彦（1990）．精神分裂病の神経症症状．木村敏，松下正明，岸本英爾（編）．精神分裂病：基礎と臨床．朝倉書店．pp. 416-423.
松下姫歌（1997）．青年期における離人感について：存在構造の実証的研究．京都大学修士論文．
松下姫歌（1998）．木村敏の存在構造論について：存在構造尺度作成の試みを通して．京都大学教育学部紀要，44, 291-303.
松下姫歌（1999）．青年期における離人感についての研究．日本心理臨床学会第18回大会発表論文集（文教大学），pp. 418-419.
松下姫歌（2000）．青年期の離人感に関する研究．心理臨床学研究，18(3), 243-253.
松下姫歌（2001）．風景構成法の構成のあり方を通して見た離人感の心的意味．箱庭療法学研究，14(2), 63-74.
松下姫歌（2009）．「僕は泣いたことがない」と語る青年との面接過程．伊藤良子，大山泰宏，角野善宏（編）．身体の病と心理臨床：遺伝子の次元から考える．創元社．pp. 224-235.
松下姫歌（2011）．離人感というリアリティをめぐって．心理臨床学研究，29(4), 502-512.
松下姫歌（2012）．心的リアリティを見出す視点からみた心理査定．深田博己（監修）．心理学研究の新世紀4　臨床心理学．ミネルヴァ書房．pp. 223-243.
Mayer-Gross, W. (1935). On depersonalization. *British Journal of Medical Psychology*, 15, 103-126.
McKeller, A. (1978). Depersonalization in a 16-year-old boy. *Southern Medical Journal*, 71, 1580-1581.

Michal, M., Adler, J., Wiltink, J., Reiner, I., Tschan, R., Wölfling, K., Weimert, S., Tuin, I., Subic-Wrana, C., Beutel, M. E., & Zwerenz, R. (2016). A case series of 223 patients with depersonalization-derealization syndrome. *BMC Psychiatry*, 16, 203-213.

Miller, F., & Bashkin, E. A. (1974). Depersonalization and self-mutilation. *Psychoanalytic Quarterly*, 43, 638-649.

Miller, P. P., Brown, T. A., DiNardo, P. A., & Barlow, D. H. (1994). The experimental induction of depersonalization and derealization in panic disorder and nonanxious subjects. *Behaviour Research and Therapy*, 32, 511–519.

三浦百重（1937）．離人症．日本精神神経学会宿題報告．

宮脇恭子（1985）．自我発達における小学校中学年の位置づけ：自我体験度尺度および風景構成法を通して．京都大学教育学部修士論文．

Morgenstern, S. (1931). Psychoanalytic conception of depersonalization. *Journal of Nervous and Mental Disease*, 73, 164-179.

村上仁（1943）．精神分裂病の心理．弘文堂．（村上仁（1971）．精神病理学研究．みすず書房に再録）．

Myers, D. H., & Grant, G. (1972). A study of depersonalization in students. *British Journal of Psychiatry*, 121, 59-65.

Myers, W. A. (1976). Imaginary companions, fantasy twins, mirror dreams and depersonalizaion. *Psychoanalytic Quarterly*, 45, 503-524.

Myers, W. A. (1977). Impotence, frigidity and depersonalization. *International Journal of Psychoanalytic Psychotherapy*, 6, 199-326.

Myers, W. A. (1979). Clinical consequences of chronic primal scene exposure. *Psychoanalytic Quarterly*, 48, 1-26.

永田俊彦（1992）．ヒステリーと分裂病．精神科治療学, 7, 1213-1218.

中井久夫（1972）．描画をとおしてみた精神障害者．芸術療法, 3, 37-51.

中井久夫（1992）．風景構成法．精神科治療学, 7, 237-248.

中井久夫，山口直彦，安克昌（1989）．分裂病の経過と離人症状．精神科治療学, 4, 1375-1391.

中前貴（2010）．精神医学における生物・心理・社会モデルの今後の展望について．精神神經學雜誌, 112(2), 171-174.

中西俊夫（1992）．境界型分裂病の離人症．臨床精神医学, 21, 1281-1286.

中安信夫（1986）．分裂病性シューブの最初期兆候：見逃されやすい微細な体験症状について．精神科治療学, 1, 545-556.

中安信夫（1989）．離人症の症候学的位置づけについての一試論：二重身，異常体感，実体性意識性との関連性．精神科治療学, 4, 1393-1404.

Nestler, S., Sierra, M., Jay, E.-L., & David, A. S. (2015). Mindfulness and body awareness in depersonalization disorder. *Mindfulness*, 6, 1282-1285.

西村洲衞男 (1978). 思春期の心理：自我体験の考察. 中井久夫, 山中康裕 (編). 思春期の精神病理と治療. 岩崎学術出版社.

西園昌久 (1978). 類型. 現代精神医学大系6A 神経症と心因反応I. 中山書店.

Noyes, R. Jr., & Kletti R. (1977). Depersonalization in response to life-threatening danger. *Comprehensive Psychiatry*, 18, 375-384.

Noyes, R. Jr., Hoenk, P. R., Kuperman, S., & Slymen, D. J. (1977). Depersonalization in accident victims and psychiatric patients. *The Journal of Nervous and Mental Disease*, 164(6), 401-407.

Nunberg, H. (1924). Über Depersonalisationszustände im Licht der Libidotheorie. *Internationale Zeitschrift für Psychoanalyse*, 10, 17.

Oberndorf, C. P. (1934). Depersonalization in relation to erotization of thought. *International Journal of Psycho-Analysis*, 15, 271-295.

Oberndorf, C. P. (1935). The genesis of the feeling of unreality. *International Journal of Psycho-Analysis*, 16, 296-306.

Oberndorf, C. P. (1936). Feeling of unreality. *Archives of Neurology and Psychiatry*, 36, 322-330.

Oberndorf, C. P. (1939). On retaining the sense of reality in states of depresonalization. *International Journal of Psycho-Analysis*, 20, 137-147.

Oberndorf, C. P. (1940). On retaining the sense of reality in states of depersonalization. *Psychoanalytic Quarterly*, 9, 575.

Oberndorf, C. P. (1950). The rôle of anxiety in depersonalization. *International Journal of Psycho-Analysis*, 31, 1-5.

Oesterreich, K. (1905-7). Die Entfremdung der Wahrnehmungswelt und die Depersonnalisation In der Psychasthenie. *Journal für Psychologie und Neurologie*, 7, 253; 8, 141; 9, 15.

小川信男 (1961). 分裂病心性の研究：離人症と両価性の問題をめぐって. 精神神経学雑誌, 63, 62.

小川信男 (1965). 離人症. 井村恒郎 (編). 異常心理学講座 第10巻. みすず書房. pp. 1-79.

大橋一恵 (1978). 思春期の離人症：「意地」の観点から. 中井久夫, 山中康裕 (編). 思春期の精神病理と治療. 岩崎学術出版社. pp. 147-166.

大塚公一郎 (1992). コミュニケーション論からみた離人症：躁うつ病症例をもとにして. 臨床精神医学, 21, 1287-1293.

大塚公一郎 (1997).「虚偽主題」の精神病理学的研究：躁うつ病における離人症の特異な一様態. 精神神経学雑誌, 99, 1-22.

Panofsky, E. (1924-25). *Die Perspektive als "symbolische Form"*. Vortrage der Bibliothek Warburg. (木田元, 川戸れい子, 上村清雄〔訳〕(1993).〈象徴形式〉としての遠近法. 哲学書房).

Perotti, N. (1960). Aperçus théoretique de la dépersonnalisation. *Revue Française de Psychoanalyse*, 24(4-5), 365-448.

Peto, A. (1955). On so-called "Depersonalization." *International Journal of Psycho-Analysis*, 36, 379-386.

Phillips, M. L., Medford, N., Senior, C., Bullmore, E. T., Suckling, J., Brammer, M. J., Andrew, C., Sierra, M., Williams, S. C., & David, A. S. (2001). Depersonalization disorder: Thinking without feeling. *Psychiatry Research*, 108(3), 145-160.

Pope, C. A., & Kwapil, T. R. (2000). Dissociative experiences in hypothetically psychosis-prone college students. *Journal of Nervous and Mental Disease*, 188, 530-536.

Renaud, K. J. (2015). Vestibular function and depersonalization/ derealization symptoms. *Multisensory Research*, 28, 637-651.

Renik, O. (1978). The role of attention in depersonalization. *Psychoanalytic Quarterly*, 47, 588-605.

Revault d' Allonnes (1905). Rôle des sensations internes dans les émotions et dans la perception de la durée. *Revue Philosophique de la France Et de l' Etranger*, 60, 592-623. (cited in Oesterreich, 1905-7).

Roberts, W. W. (1960). Normal and Abnormal Depersonalization. *Journal of Mental Science*, 106, 478-493.

Rosenfeld, H. (1947). Analysis of a schizophrenic state with depersonalization. *International Journal of Psycho-Analysis*, 28, 130-139.

Roshco, M. (1967). Perception, denial, and depersonalization. *Journal of the American Psychoanalytic Association*, 15, 243-260.

Roth, M. (1960). The phobic anxiety-depersonalization syndrome and some general aetiological problems in psychiatry. *Journal of Neuropsychiatry*, 1, 293-306.

斎藤富由起，飯島博之（2016）．青年期における慢性的離人・非現実感尺度の開発の試み．国際経営・文化研究，21(1), 201-213.

坂口正道（1992）．発達障害と分裂病．精神科治療学，7, 1195-1202.

坂本暢典（1989）．うつ病における離人症．精神科治療学，4, 1491-1499.

Sarlin, C. N. (1962). Depersonalization and derealization. *Journal of the American Psychoanalytic Association*, 10, 784-804.

Schilder, P. (1914). *Selbstbewußtsein und Persönlichkeitsbewußtsein (Monographien aus dem Gesamtgebiete der Neurologie und Psychiatrie, H. 9)*. Springer.

Searl, M. N. (1932). A note on depersonalization. *International Journal of Psycho-Analysis*, 13, 329-347.

Sedman, G. (1966). Depersonalization in a group of normal subjects. *Journal of British Psychiatry*, 112, 907-912.

Sedman, G. (1970). Theories of depersonalization: A re-appraisal. *British Journal of Psychiatry*, 117, 1-14.

Sedman, G. (1972). An investigation of certain factors concerned in the aetiology of

depersonalization. *Acta Psychiatrica Scandinavica*, 48, 191-219.
Sedman, G., & Kenna, J. C. (1963). Depersonalization and mood changes in schizophrenia. *British Journal of Psychiatry*, 109, 669-673.
Sedman, G., & Reed, G. F. (1963). Depersonalization phenomena in obsessional personalities and in depression. *British Journal of Psychiatry*, 109, 376-379.
Sequi, J., Marquez, M., Garcia, L., Canet, J., Salvador-Carulla L., & Ortiz, M. (2000). Depersonalization in panic disorder: A clinical study. *Comprihensive Psychiatry*, 41(3), 172-178.
Sharan, P., Nigam, A. K., & Lal, R. (1993). Letter: Need to clarify DSM-III-R depersonalization disorder. *American Journal of Psychiatry*, 150, 1427.
Shilony, E., & Grossman, F. K. (1993). Depersonalization as a defense mechanism in survivors of trauma. *Journal of Traumatic Stress*, 6(1), 119-128.
島悟（1989）．産褥性精神病の離人症状．精神科治療学，4, 15001-1507.
島崎敏樹（1949）．精神分裂病における人格の自律性の意識の障害：（上）．他律性の意識について．精神神経学雑誌，50, 3.
島崎敏樹（1950）．精神分裂病における人格の自律性の意識の障害：（下）．無律性及び自律－即－他律性の意識について．精神神経学雑誌，51, 1.
清水將之（1965a）．離人症の疾病学的研究．精神神経学雑誌，67, 1125-1141.
清水將之（1965b）．離人神経症に関する一考察．精神科治療学，4, 1367-1373.
清水將之（1978）．離人．懸田克躬（編）．現代精神医学大系6B 神経症と心因反応II．中山書店，pp. 77-90.
清水將之（1986）．離人神経症．臨床精神医学，15, 767.
清水將之，生田孝（1992）．青年期と離人症．臨床精神医学，21, 1269-1274.
清水將之，坂本昭三，石神亙，辻悟，金子仁郎（1968）．15歳までに発症した離人症の6例．精神医学，10, 401.
Shorvon, H. J., Hill, J. D. N., Burkitt, E., & Halstead, H. (1946). The depersonalization syndrome. *Journal of the Royal Society of Medicine*, 39, 779-792.
Sierra, M., & Berrios, G. E. (1997). Depersonalization: A conceptual history. *History of Psychiatry*, 8(30, Pt 2), 213-229.
Sierra, M., & Berrios, G. E. (1998). Depersonalization: Neurobiological perspectives. *Biological Psychiatry*, 44, 898-908.
Sierra, M., & Berrios, G. E. (2000). The Cambridge Depersonalisation Scale: A new instrument for the measurement of derpersonalisation. *Psychiatry Research*, 93, 153-164.
Sierra, M., & David, A. S. (2011). Depersonalization: A selective impairment of self-awareness. *Consciousness and Cognition*, 20, 99-108.
Sierra, M., Medford, N., Wyatt, G., & David A. S. (2012). Depersonalization disorder and anxiety: A special relationship? *Psychiatry Research*, 197, 123-127.

Sierra, M., Senior C., Dalton, J., McDonough, M., Phillips, M. L., O' Dwyer, A. M., & David, A. S. (2002). Autonomic response in depersonalization disorder. *Archives of General Psychiatry*, 59(9), 833-838.

Simeon, D., Gross, S., Guralnik, O., Stein, D. J., Schmeidler, J., & Hollander, E. (1997). Feeling unreal: 30 cases of DSM-Ⅲ-R depersonalization disorder. *American Journal of Psychiatry*, 154(8), 1107-1113.

Simeon, D., Guralnik, O., Gross, S., Stein, D. J., Schmeidler, J., & Hollander, E. (1998). The detection and measurement of depersonalization disorder. *Journal of Nervous and Mental Disease*, 186, 536-542.

Simeon, D., Guralnik, O., Hazlett, E. A., Spiegel-Cohen, J., Hollander, E., & Buchsbaum, M. S. (2000). Feeling unreal: A PET study of depersonalization disorder. *American Journal of Psychiatry*, 157(11), 1782-1788.

Simeon, D., Guralnik, O., Schmeidler, J., Sirof, B., & Knutelska, M. (2001). The role of childhood interpersonal trauma in depersonalization disorder. *American Journal of Psychiatry*, 158(7), 1027-1033.

新福尚武（編）(1984). 精神医学大事典. 講談社.

新福尚武，池田数好（1958). 人格喪失感（離人症). 井村恒郎，懸田克躬，島崎敏樹，村上仁（編). 異常心理学講座（第1次). 第2部　精神病理学（D）分裂病心性その他の病理（4). みすず書房.

Spielberger, C. D., Gorsuch, R. L., & Lushene. R. E. (1970). *Test manual for the State-Trait Anxiety Inventory*. Consulting Psychologists, Palo Alto, CA.

Spielberger, C. D., Gorsuch, R. L., & Lushene, R. E. (1977). *The State-trait Anxiety Inventory– form*. Consulting Psychologists Press, Palo Alto, CA.

Spielberger, C. D., Gorsuch, R. L., Lushene, R., Vagg, P. R., & Jacobs, G. A. (1983). *Manual for the State-Trait Anxiety Inventory (form Y): "Self-evaluation questionnaire"*. Consulting Psychologists Press, Palo Alto, CA.

Stamm, J. L. (1962). Altered ego states allied to depersonalization. *Journal of the American Psychoanalytic Association*, 10, 762-783.

Sterba, R. (1942). Abstract of Psychology and treatment of depersonalization (by Fritz Wittels. *Psychoanalytic Review*, 27(1), 1940). *Psychoanalytic Quarterly*, 11, 130-131.

Stewart, W. A. (1964). Depersonalization. *Journal of the American Psychoanalytic Association*, 12, 171-186.

Stolorow, R. D. (1979). Defensive and arrested developmental aspects of death anxiety, hypochondriasis and depersonalization. *International Journal of Psycho-Analysis*, 60, 201-213.

Storch, E. (1901). *Muskelfunktion und Bewußtsein: Eine Studie zum Mechanismus der Wahrnehmungen*. Wiesbaden. (cited in Oesterreich, 1905-1907).

Störring, G. (1900). *Psychologie des menschlichen Gefühlslebens*. (cited in Störring, E., 1933).

Störring, E. (1933). Die Depersonalisation: Eine psychopathologische Untersuchung. *Archiv für Psychiatrie und Nervenkrankheiten*, 98, 462-545.

Symposium (1961). Symposium on depersonalization: Theoretical survey of depersonalization (N. Perrotti, reporter). *Psychoanalytic Quarterly*, 30, 312.

多田昌代(1996).風景構成法における個性と構成.山中康裕(編)風景構成法その後の発展.岩崎学術出版社.pp. 265-286.

高橋俊彦(1982).「自分が異常である」と訴える分裂病について.吉松和哉(編)分裂病の精神病理11.東京大学出版会.pp. 115-143.

高橋俊彦(1986).分裂病と「重症」離人症との連続性について:離人症状及び思考の聴覚化を手がかりとして.高橋俊彦(編)分裂病の精神病理15.東京大学出版会, pp. 305-331.

高橋俊彦(1989).重症の離人症:内因性若年-無力性不全症候群例と「自然な自明性の喪失」症候例との比較を通して.精神科治療学, 4, 1521-1528.

高橋徹, 渡辺昭彦(1992).心気症と精神分裂病.精神科治療学, 7, 1229-1236.

高橋俊彦(1992).分裂病、うつ病および神経症における離人症状の意味.精神科治療学, 7, 1219-1227.

高石恭子(1988a).風景構成法から見た前青年期の心理的特徴について.臨床心理事例研究, 15, 242-248.

高石恭子(1988b).青年期の自我発達と自我体験について.京都大学教育学部紀要, 34, 210-220.

高石恭子(1994).自立の過程で離人症状を呈した女子大学生の事例.甲南大学学生相談室紀要, 1, 30-37.

高石恭子(1995).風景構成法における大学生の構成型分布と各アイテムの分析.甲南大学学生相談室紀要, 2, 38-47.

高石恭子(1996).風景構成法における構成型の検討.山中康裕(編)風景構成法その後の発展.岩崎学術出版社.pp. 239-264.

Tellenbach, H. (1956). Die Räumlichkeit der melancholischen: Ⅰ. Mitteilung: Über Veränderungen des Raumerlebens in der endogenen Melancholie. *Nervenarzt*, 27, 12-18. Ⅱ. Mitteilung: Analyse der Räumlichkeit melancholischen Daseins. *Nervenarzt*, 27, 289-298.

Torch, E. M. (1978). Review of the relationship between obsession and depersonalization. *Acta Psychiatrica Scandinavica*, 58, 191-198.

Torch, E. M. (1981). Depersonalization syndrome: An overview. *Psychiatric Quarterly*, 53, 249-258.

Torch, E. M. (1987). The psychotherapeutic treatment of depersonalization disorder. *Hillside Journal of Clinical Psychiatry*, 9, 133-143.

Trueman, D. (1984a). Depersonalization in a nonclinical population. *Journal of psychology*, 16, 107-112.

Trueman, D. (1984b). Anxiety and depersonalization and derealization experiences. *Psychological*

*Reports*, 54, 91-96.
辻悟,藤井久和,高石昇,坂本昭三,清水將之 (1962). 離人症の生活史的研究. 精神分析研究, 9, 9-17.
辻悟,坂本昭三,清水將之,大野周子,金子仁郎 (1963). 離人神経症の研究 (第2報):ロールシャッハ・テスト所見の解釈を中心として. 精神分析研究, 10, 10-16.
Tucker, G. J., Harrow, M., & Quinlan, D. (1973). Depersonalization, dysphoria, and thought disturbance. *American Journal of Psychiatry*, 130, 702-706.
内沼幸雄 (1985). 重症離人症の一例をめぐって:分裂病診断の検討. 内沼幸雄 (編) 分裂病の精神病理14, 東京大学出版会.
若桑みどり (1992). ルネサンス的空間の崩壊. 遠近法の精神史. 平凡社. pp. 149-221.
Waltzer, H. (1968). Depersonalization and Self-Destruction. *American Journal of Psychiatry*, 3, 399-401.
Weizsäcker, V. v. (1973). *Der Gestaltkreis*. (木村敏,浜中淑彦〔訳〕(1975). ゲシュタルトクライス. みすず書房).
Wernicke, C. (1900). *Grundriß der Psychiatrie*. Thieme.
Winnik, H. (1948). On the structure of the depersonalization neurosis. *British Journal of Medical Psychology*, 28, 268-277.
World Health Organization (1992). *The ICD-10 Classification of Mental and Behavioral Disorders*. WHO, Geneva. (融道男,中根允文,小見山実〔監訳〕(1993). ICD-10 精神および行動の障害:臨床記述と診断ガイドライン. 医学書院).
World Health Organization (2001). *International Classification of Functioning, Disability and Health: ICF*. (*WHO Library Cataloguing-in-Publication Data*), WHO, Geneva.
World Health Organization (2016). *International Statistical Classification of Diseases and Related Health Problems 10th Revision; ICD-10 Version: 2016*. https://icd.who.int/browse10/2016/en
山口直彦,岩井圭司,小紫由利,伊集院清一,三田達雄 (1989). 離人症状と器質的背景. 精神科治療学, 4, 1509-1519.
山中康裕 (1978). 離人症の精神療法過程と女性性. 分裂病の精神病理7. 東京大学出版会, pp. 99-140.
山中康裕 (1992). 離人症における性差:とくに女性性との関連. 臨床精神医学, 21, 1275-1279.
安永浩 (1985). 離人症候群:現代の精神症状と症候群. 臨床精神医学, 14, 441.
安永浩 (1987). 離人症. 土井健郎,笠原嘉,宮本忠雄,木村敏 (編). 異常心理学講座 (第3次). 4, 神経症と精神病1. みすず書房. pp. 213-253.
安永浩 (1989). 離人症:総説. 精神科治療学, 4, 1349-1355.
湯沢千尋 (1984). 人格欠損体験と回顧体験について:「内省型」の記述現象学的一考察. 分裂病の精神病理13. 東京大学出版会. pp. 69-96.
湯沢千尋 (1992). 離人症の概念をめぐる問題. 臨床精神医学, 21, 1263-1268.

# 索引

## 人名

〈あ行〉

ヴァイツゼッカー（Weizsäcker, V.v.）50

エスターライヒ（エステルライヒ Oesterreich, K.）16

オーベルンドルフ（オーバンドーフ Oberndorf, C.P.）16

〈か行〉

木村敏　9, 43

クリサベール（Krishaber, M.）16

ゲープザッテル（Gebsattel, V.E.v.）42

〈さ行〉

ジャネ（Janet, P.）24

シルダー（Schilder, P.）17, 42

〈た行〉

高石恭子　109

デュガ（Dugas, L.）16

テレンバッハ（Tellenbach, H.）42

〈な行〉

中井久夫　107

〈は行〉

ハウク（ハウグ Haug, K.）17

ハンター（Hunter, E.C.M.）36

フェダーン（Federn, P.）30

フロイト（Freud, S.）27

〈ま行〉

マイヤー＝グロス（Mayer-Gross, W.）16

三浦百重　16

〈や行〉

安永浩　17

## 事項

〈あ行〉

ICD-10　13

新しい自己　7

新たな構成型　114

アンテ・フェストゥム構造　53

アンテ・フェストゥム－ポスト・フェストゥム尺度　66

イントラ・フェストゥム構造　56

イントラ・フェストゥム尺度（I尺度）67

ウェルニッケ学派　23

ウェルビーイング　3

有情感喪失　17, 84

〈か行〉

外界意識性　17

外界疎隔感　16

外傷　33

感覚喪失感　18

感覚疎隔感　84

感情説　23

危機　33

既在的自己　55
「既在的自己」指向性　64
「既在的自己」指向性尺度（P尺度）　67
木村敏の離人症論　78
共通感覚　43
空虚感（sentiment du vide）　25
健康（Health）　3
現象学的・存在論的学説　41
構成型　109
構成段階　109
国際障害分類（ICIDH）　4
国際生活機能分類（ICF）　5
心の軸足　58
心の不調　6
心の不調感　7
心のポテンシャル　3
言葉になる以前の次元　106
根源的自発性　56

〈さ行〉
自我意識性　17
自我境界　30
自我喪失感　16
自己　46
自己観察機能　28
自己限定　50
自己所属感喪失　18
自己喪失感　17
「自己」存在の危機　8
自己の成立　58
自己の他者化　53
自己の立て直し　76
自己の揺らぎ　58
自己の連続性の喪失感　84

自他差異化　48
自他の接点の疎隔感　84
実行意識喪失　18
実在機能（fonction du réel）　24
社会性　6
主体（subject）　7
主体性　6
主体の「萌芽」　9
神経症　18
身体意識性　17
心的現実感（reality）　9, 12
親和感喪失　18
ズレ　129
「精神衰弱」説　24
精神分析　26
青年期　53
世界保健機関（WHO）　3
「世間一般性」忌避的自己指向性尺度
　（A-P尺度）　67
「世間一般性」忌避的な自己指向性　65
「世間一般性」同一化的な自己指向性
　65
世間的自己　55
躁うつ病　18
疎隔感　18
存在感（実在感）喪失　17, 84
存在構造質問紙　59
存在構造論　9

〈た行〉
体感説　23
中年期　55
DSM-5　13
てんかん　18

転機(Krise)　51
投映法　106
統合失調症　18
動的構造としての自己　46

〈な行〉
二重意識　18, 84
脳機能　33, 39
ノエシス　48
ノエシス的自己　55
ノエシス面との接点の消失感　84
ノエマ　48
ノエマ的自己　55

〈は行〉
描画法　10
病態水準　58
風景構成法　10, 107
防衛機制　27
他ならぬ自己　53
ポスト・フェストゥム構造　54
ポテンシャルを見出す視点　139

〈ま行〉
未知の次元　53
「未来的自己」指向性　64
「未来的自己」指向性尺度(A尺度)　67
メタノエシス　48

〈ら行〉
離人感(depersonalization)　9, 12
離人感尺度　10, 81
離人感の質　90
離人感の質的スペクトラム　98

離人感の高さ　87
離人症(depersonalization)　12
離人症論　9, 12

# おわりに

　本書は、京都大学大学院教育学研究科に提出した博士論文のうち、理論編にあたる前半部をもとに、大幅な加筆修正をおこなったものである。論旨に影響のない範囲で、より伝わりやすいように工夫したつもりである。忌憚のないご意見を賜れれば幸いである。

　臨床編にあたる後半部に執筆した事例研究に関しては、当該のクライエント様には掲載許可を得ていたが、専門書とはいえ、公に開かれた媒体への発表となるとさまざまな問題をクリアする必要があること等から、今回は掲載を見送ることにした。また、別の機会にとりあげ丁寧に論じさせて頂きたい。

　本書がとりあげているテーマは、筆者自身が心理臨床に携わる中での必要性に駆られて掲げ、探究を続けているものである。すなわち、「心の問題」を「心」そのものの「問い」として捉え、その座標軸を捉えなおすとともに、心の特性だけでなく、その動きと振れ幅を細やかに捉える視点を発掘するための探究である。

　従来のパーソナリティ理解とその心理アセスメントは、どちらかといえば、パーソナリティ構造とその力動あるいは仕組みを、"どの水準にあるか""どのタイプか""どのパタンか"といった、一定のカテゴリに位置づけることで捉えようとする傾向が強かった。状態と特性の両面を捉える努力も払われてきてはいるが、実のところは、特性的な捉え方が主流であったと言えよう。言い換えれば、それは、個の特性を、さまざまな状況下における反応パタンを均した時に浮かび上がる、最頻値的・中央値的・平均値的な"代表値"にピン留めするような、固定的に捉えるあり方と言えよう。

　もちろん、そのような、不連続な質的相違を捉えること自体は必要である。発達や変容はなるほど質的変化ではある。しかし、発達や変容を捉えることは、あるカテゴリから別のカテゴリへの"移行"を捉えるということに留まるものではない。その移行がどのように生じているのか、どのような心のはたらきと機序で

進んでいくのかを捉える必要がある。カテゴリを隔てている相違点を捉える観点のみでは、結局、カテゴリ間の"移行"しか捉えられず、その移行を可能にしている心のはたらきや変容プロセスそのものを捉えることができない。

　実際の、「生きている」「個」としての心は、揺れ動き、変化する。一見変化していないようでも、刻々とミクロの変化がある。その小さな動きや振れ幅とその意味するところを細やかに捉えることが、心そのものの発達や変容の芽を見出し、変容プロセスを捉え、支えることにつながるのではないか。そして、それには、水準間・パタン間の不連続性もさることながら、それらの間の連続性や関係を捉えうる視座が必要なのではないか。そこには、外から評価的に捉えうる能力としてだけでなく、心が生きるという視点が不可欠なのではないか。そして、その視点に立つ時、心的現実感(リアリティ)の質と振れ幅と変容を捉えることが不可欠と言える。

　そのためには、さまざまな心理療法理論のそれぞれが「心」と「心の問題」をどのような視座と視点で捉えているかを見渡す必要と、精神医学が「心」と「心の問題」をどのような視座と視点で捉えているかを捉えなおす必要があり、さらには、両者を擦り合わせ、精神医学的理解を、心理学的観点から捉えなおす必要性があると考えた。加えて、脳科学的理解との擦り合わせも進める必要があると考えた。本書は、その取り組みの一端を整理し、まとめたものである。脳科学者の先生方によれば、脳について知れば知るほど、脳についての謎が広がるという。心についてもそのことが言える。本年は、従来の臨床心理士資格に加え、国家資格として公認心理師資格が誕生し、第一回国家試験が実施された年でもある。心理専門職の専門性をさらに高め深めていくために、引き続き、探究を続けていきたい。

　本書を上梓するにあたっては、まず、日々の心理臨床において出会ってきた沢山のクライエントの皆様に感謝申し上げたい。皆様の心に今なお多くのことを学ばせて頂いている。臨床現場で協働してきたさまざまな職種の先生方やスタッフの皆様、大学や学会をはじめ、さまざまな場でともに学び合ってきた皆様にも感謝したい。そして、臨床心理学と心理療法の専門性を高め、心の探究の道を切り拓いて下さった、故河合隼雄先生に感謝したい。河合先生がおられなければ、筆者はこの道を進んでいなかったかもしれない。

## おわりに

　さらに、本書のもとになった、博士論文を審査して下さった、指導教官（当時）の河合俊雄先生、山中康裕先生、伊藤良子先生に、心より感謝申し上げたい。主査の河合俊雄先生には、博士論文執筆とそれに至るさまざまなプロセスにおいて、常に筆者の主体的探究に対する励ましを頂いた。臨床においても研究においても、その長短の両方を必ず指摘して頂いた。それが心理臨床において肝心な点であることを、見逃さず、諦めず、あたたかくも厳しく指摘し続けて下さった。そのおかげで、筆者は心理臨床の本質とその探究に目覚めたと感じている。山中康裕先生には、学部学生の頃から、心理療法のコアを教えて頂いた。クライエントの心の視点を捉える力の卓抜さには今なお敬服する。伊藤良子先生には、心理療法と心理アセスメントに関する議論においても、真に心をオープンにする姿勢を身をもって教えて頂いた。筆者の拙い意見に内包された視点の新しさを見出されて、素で電撃を受けたように驚かれた瞬間を今でも覚えている。伊藤先生が真に心の学徒であられることの証左として深く感銘を受け、その姿勢が心に刻まれている。また、在学中お世話になったそれぞれの先生方の臨床的姿勢と視点にも多くを学んだ。一人ひとりの先生から学びとったものを具体的に思い返し、それらが本書にも示した筆者の視座にも大きな影響を与えていることをあらためて感じている。紙幅の都合で叶わないけれども、お一人おひとりに御礼を申し上げたい。

　本書の企画と刊行において、創元社の渡辺明美さんと柏原隆宏さんにはたいへんご尽力を賜り、ひとかたならぬお世話になった。心より御礼を申し上げたい。また、京都大学の同僚でもある田中康裕先生には、担当の柏原さんに引き合わせて頂くなど、お力添えを頂いた。この場をお借りして深く御礼申し上げたい。

2018年11月　京都にて<br>
松下姫歌

◆著者紹介

## 松下姫歌（まつした・ひめか）

1968年兵庫県生まれ。京都大学大学院教育学研究科博士後期課程修了。博士（教育学）、臨床心理士、公認心理師。現在、京都大学大学院教育学研究科教授。専攻は臨床心理学。主な著書に『ネガティヴ・イメージの心理臨床』（創元社、単著）、『心理療法における「私」との出会い』（創元社、共編著）、『バウムの心理臨床』（創元社、共著）、『「発達障害」と心理臨床』（創元社、共著）などがある。

# 心的現実感と離人感
## 質問紙と風景構成法から見る新たな心理アセスメントへの展開

2019年3月10日　第1版第1刷発行
2023年4月10日　第1版第2刷発行

著　者　　松下姫歌

発行者　　矢部敬一

発行所　　株式会社 創元社
　　　　　〈本　社〉
　　　　　〒541-0047　大阪市中央区淡路町4-3-6
　　　　　TEL.06-6231-9010（代）　FAX.06-6233-3111（代）
　　　　　〈東京支店〉
　　　　　〒101-0051　東京都千代田区神田神保町1-2 田辺ビル
　　　　　TEL.03-6811-0662（代）
　　　　　https://www.sogensha.co.jp/

印刷所　　株式会社 太洋社

©2019 Printed in Japan　ISBN978-4-422-11647-1 C3311
〈検印廃止〉
落丁・乱丁のときはお取り替えいたします。

装丁・本文デザイン　長井究衡　　編集協力　木村和恵

[JCOPY]〈出版者著作権管理機構 委託出版物〉
本書の無断複製は著作権法上での例外を除き禁じられています。複製される場合は、そのつど事前に、出版者著作権管理機構（電話03-5244-5088、FAX 03-5244-5089、e-mail: info@jcopy.or.jp）の許諾を得てください。